O INOVADOR MODELO
JAPONÊS
DE GESTÃO DO
CONHECIMENTO

Do mesmo autor

FAYARD, P. *Compreender e aplicar o Sun Tzu*: o pensamento estratégico Chinês: uma sabedoria em ação. Bookman, 2006.

FAYARD, P. *O jogo da interação*: a informação e a comunicação na estratégia. Caxias do Sul: EDUCS, 2000.

VOGT, C.; FAYARD, P. (Org.). *Cultura científica*: desafios. São Paulo: EDUSP – FAPESP, 2006.

FAYARD, P. (Org.). *La culture scientifique*: enjeux et moyens. Paris: La Documentation Française, 1990.

FAYARD, P.; CARBOU, D. (Org.). *Fusion chaude*: des innovations dans la communicaion publique des sciences et des techniques. L'Actualité, Poitiers, 1994.

GÉHIN, J.-P.; BENOIT, D.; FAYARD, P. (Org.). *L'impossible formation à la communication*. Paris: L'Harmattan, 2002.

FAYARD, P. *La communication scientifique publique*: de la vulgarisation à la médiatisation. Lyon: Chronique sociale, 1988.

FAYARD, P. *La comunicacion publica de la ciencia*: hacia la ciudad del conocimiento, Mexico: UNAM, 2005.

FAYARD, P. *La maîtrise de l'interaction:* l'information et la communication dans la stratégie. Paris: Zéro heure éditions culturelles, 2000.

FAYARD, P. *Le tournoi des dupes*. Paris: L'Harmattan, 1997. (roman de stratégie).

FAYARD, P. *Sciences aux quotidiens*: l'information scientifique dans la presse quotidienne européenne. Nice: Z'Editions, 1993.

FAYARD, P. *Sun Tzu*: stratégie de la séduction. Paris: 2009.

F282m   Fayard, Pierre.
O inovador modelo japonês de gestão do conhecimento / Pierre Fayard ; tradução Patrícia C. Ramos Reuillard. – Porto Alegre : Bookman, 2010.
216 p. ; 23 cm.

ISBN 978-85-7780-580-8

1. Gestão do conhecimento. 2. Comunidades de conhecimento – Japão. I. Título.

CDU 658.3

Catalogação na publicação: Renata de Souza Borges CRB-10/1922

PIERRE FAYARD

O INOVADOR MODELO
JAPONÊS
DE GESTÃO DO CONHECIMENTO

Tradução:
Patrícia C. Ramos Reuillard

bookman®

2010

Obra originalmente publicada sob o título *Le réveil du Samouraï*
ISBN 2-10-050187-9

Copyright © 2006, Dunod Éditeur, Paris, France

Capa: *Paola Manica*

Leitura final: *Andrea Czarnobay Perrot*

Editora sênior: *Arysinha Jacques Affonso*

Editora júnior: *Júlia Angst Coelho*

Editoração eletrônica: *Techbooks*

Reservados todos os direitos de publicação, em língua portuguesa, à
ARTMED® EDITORA S.A.
(BOOKMAN® COMPANHIA EDITORA é uma divisão da ARTMED® EDITORA S.A.)
Av. Jerônimo de Ornelas, 670 - Santana
90040-340 Porto Alegre RS
Fone (51) 3027-7000 Fax (51) 3027-7070

É proibida a duplicação ou reprodução deste volume, no todo ou em parte, sob
quaisquer formas ou por quaisquer meios (eletrônico, mecânico, gravação, fotocópia,
distribuição na Web e outros), sem permissão expressa da Editora.

SÃO PAULO
Av. Angélica, 1091 - Higienópolis
01227-100 São Paulo SP
Fone (11) 3665-1100 Fax (11) 3667-1333

SAC 0800 703-3444

IMPRESSO NO BRASIL
PRINTED IN BRAZIL
Impresso sob demanda na Meta Brasil a pedido de Grupo A Educação.

O Autor

Jornalista científico entre 1981 e 1987, Pierre Fayard finalizou seu doutorado em Ciências da Informação e da Comunicação na Universidade de Grenoble, França, em 1987. Em 1988, ingressou na Universidade de Poitiers, onde é professor titular. Em 1989, criou a rede PCST – *Public Communication of Science and Technology* – referência internacional no ramo nos cinco continentes. Entre 1993 e 2004, dirigiu o Laboratório de Pesquisa sobre a Comunicação e Informação Científica e Técnica (LABCIS).

Entre 1994 e 1996, participou da criação do primeiro *Master* em Inteligência Econômica na França. Suas pesquisas orientaram-se então para a abordagem comparada das culturas da estratégia no Instituto da Comunicação e das Novas Tecnologias de Poitiers. Publicou, em 2004, uma obra de referência sobre Sun Tzu, disponível em português pela editora Bookman. Entre 2001 e 2004, realizou oito missões de estudo no Japão sobre o caminho japonês da gestão do conhecimento e colaborou diretamente com o professor Nonaka da *Hitotsubashi University* e com a *Knowledge Management Society of Japan*.

Adido do ministério francês das Relações Exteriores, em 2004 assumiu a direção do Centro Franco-brasileiro de Documentação Técnica e Científica (Cendotec) na Cidade Universitária de São Paulo, até 2008. Em setembro de 2008, foi nomeado Conselheiro Cultural e de Cooperação na Embaixada da França no Peru. Em Lima, ensina *aikido*, arte marcial em que é terceiro *dan*. Suas pesquisas atuais incidem sobre a aplicação dos princípios do *aikido* à gestão. Seus artigos originais em várias línguas estão acessíveis em www.comprendreetappliquersuntzu.com.

http://fr.wikipedia.org/wiki/Pierre_fayard – www.comprendreetappliquersuntzu.com Skype: pierre.marie.fayard

Agradecimentos

Seria cansativo mencionar todas as pessoas e as boas vontades que contribuíram para a gênese deste livro, ou desta *knowlwedge expedition*[1] ao Arquipélago do Sol Levante. Em primeiro plano, figura, sem dúvida, François Brown de Colston, que merece toda nossa gratidão pela confiança que demonstrou e por seus sábios conselhos. Matsumoto-*san*, secretário do Serviço para a Ciência e Tecnologia da Embaixada, assim como Michel Israël, então Conselheiro Científico, prestaram um auxílio precioso.

O professor Ikujiro Nonaka nos concedeu regularmente seu tempo e nos convidou a participar de várias conferências em que era o personagem central. Queremos agradecer-lhe aqui fervorosamente pelo prazer que tivemos em compartilhar sua vivacidade, sua abertura de espírito, a precisão de suas abordagens e sua riquíssima experiência, assim como o *ba* de seu laboratório, centro de confluência de simplicidade fresca, dinâmica e não ostentativa. Sua recomendação foi inestimável para estabelecer relações de confiança com presidentes de empresas japonesas com quem, graças a ele, pudemos interagir. Uma de suas alunas, hoje doutora, Emiko Tsuyuki, nos acompanhou durante as entrevistas com interlocutores que não falavam inglês. Ela nos permitiu penetrar um pouco mais profundamente na cultura desse país; agradecemos também à sua família por um encontro em que as culturas mongol, finlandesa, norte-americana, japonesa, espanhola e francesa se misturaram em um buquê festivo inesquecível.

Em 2003, após vários encontros e colaborações, a *Knowledge Management Society of Japan* nos deu a honra de nos convidar a fazer parte do restrito clube de seus *advisory members*. Nossas colaborações com o presidente Morita e o vice-presidente Takanashi resultaram na organização de dois seminários – um em Tóquio, outro em Paris –, na participação no *Tokyo Knowledge Forum* de 2005[2] e na organização do segundo TKF no Brasil. Recebam ambos, em nome da KMSJ, todo nosso reconhecimento. O prazer das trocas com os membros da *Knowledge Dynamic Iniciative* de Fuji-Xerox, com nomes de guerra no mínimo surpreendentes, foi constante. Interagir com Kazue Katori, diretor-presidente da NTT Mediascope foi sempre pitoresco, divertido e formidavelmente enriquecedor. Seu senso de humor só se iguala à sua capacidade de desmascarar as ideias pré-concebidas e de imaginar usos inovadores, criativos e por vezes hilários das tecnologias da informação, sem nunca deixar de lado a dimensão humana.

Agradecemos à NTT DoCoMo pela abertura de seus *showrooms*, mais particularmente ao senhor Ushioda. Na França, Catherine Contant nos esclareceu regularmente os ideogramas, as significações, os costumes e os hábitos japoneses. No Japão, Meimi Yang, Yuki Watanabe e Fujiko Suda foram recursos permanentes para nossas interrogações, e sua ajuda logística foi muito preciosa. Devemos a caligrafia dos ideogramas deste livro a Michi Tada, com quem Hatsumi Tsuzuki nos colocou em contato em São Paulo. Um pensamento realmente emocionado para Sato-*san* da Naka Division de Hitachi, Mika-*san* e seu amigo pintor por dois dias passados na cidade de Mito, onde tivemos o imenso e único prazer de explorar um dos mais famosos jardins japoneses no final do inverno, de descobrir a sutileza sem limites da função de gueixa e de peregrinar no *dojo* onde mestre Ueshiba, o criador do *aikido*, se retirou ao final da vida. Todos nossos agradecimentos às paisagens, às fontes de águas quentes, aos anfitriões, aos cozinheiros com facas ágeis e precisas, às cerejeiras em flor, às explosões de cores da ondulação das azaléias de Tóquio e a todos esses rostos indecifráveis no silêncio combinando, com a fugacidade das nuvens, a íntima intensidade da presença e da distância.

Para ficar completa, a lista seria longa demais, mas não queremos encerrá-la antes de mencionar Nicolas Moinet, da Universidade de

Poitiers, que nos precedeu no arquipélago nipônico em função de sua tese, que tivemos a honra de orientar. Uma palavra também para Jacques Perche, da sociedade Avence, com quem passamos uma semana de contraste cultural em Tóquio, em janeiro de 2004, para pesquisar os usos da internet móvel. Uma palavra para Jean-Yves Prax, da editora Dunod, companheiro de duas conferências em Tóquio e de catamarã em Portes en Ré, no sudoeste da França. De um ponto de vista mais pessoal, toda minha gratidão e meu reconhecimento à minha companheira, cuja inteligência e conselhos são insubstituíveis, e a meus filhos, que aceitaram ou sofreram minhas ausências e a falta de disponibilidade em razão de outros compromissos. Enfim, dedico um pensamento emocionado e doloroso para o filho mais velho de minha companheira, Antonin Schons, e para sua amiga Eri Tsumura, mortos tragicamente em um incêndio criminoso e absurdo em Paris, no dia 2 de setembro de 2001.

No que diz respeito à versão brasileira deste livro, agradeço imensamente à editora Bookman, que deste modo dá continuidade à obra *Compreender e Aplicar Sun Tzu*, publicada em 2006, e a Patrícia Ramos Reuillard, que realizou a tradução com competência, disponibilidade e exigência. A Hastumi Tsuzuki, que me auxiliou muito esclarecendo os conceitos japoneses presentes nesta obra; a meu amigo Cláudio Terra, por seu prefácio muito simpático, que é prova de minha admiração por seu notável trabalho na área da gestão do conhecimento. Enfim, *last but not least*, a Alsones Balestrin e a Cristina Fachinelli, ex-doutorandos e atualmente professores na Unisinos e UCS.

Lima, Peru, julho de 2009

Notas

1. Conceito desenvolvido (Fayard, 2005) para dar conta da realidade de práticas espontâneas de criação de saber na Tailândia, ver Tinnaluck, 2005.
2. O TKF 2006 ocorreu em São Paulo, no mês de setembro.

Apresentação à Edição Brasileira

O que nossa história, nossa cultura, nossa forma de relacionamento com o ambiente e com outros povos têm a ver com nosso estilo explícito e implícito de gestão? Como normalmente aprendemos, inventamos, adaptamos ou reproduzimos conhecimento? O quanto as metodologias de gestão criadas aqui ou em outros países podem ter êxito no contexto de nossa realidade?

O inovador modelo japonês de gestão do conhecimento oferece ao leitor uma rara oportunidade para revisitar as teorias de Nonaka a partir de um mergulho e de um olhar externo sobre o Japão. Como sabemos, quando nos referimos a conhecimento, o contexto é tudo. Neste livro singular e delicioso de ler, Pierre nos conduz de maneira fluida e quase imperceptível por diversos planos: o histórico-cultural, o da teoria de gestão e de seu olhar como visitante e erudito sobre as coisas do Japão. É como estar lá ao vivo, refletindo sobre uma experiência concreta e tácita. Em alguns momentos, se é levado a vestir um quimono para entender alguns dos conceitos mais sutis da abordagem japonesa para a gestão do conhecimento.

E para aqueles que querem casos e aplicações específicas nas empresas, o livro oferece vários recortes aguçados sobre como as teorias de criação de conhecimento japonesas são aplicadas em diversos contextos por empresas líderes neste país insular. Sempre que se escreve sobre conhecimento corre-se o risco de ser acusado de ser superficial ou teórico, desconectado da realidade. Não é o caso deste livro: sua filosofia profunda pode ser facilmente assimilável por meio de inúmeras analogias e metáforas. O complexo fica simples, e o simples, intenso.

Depois de muitos anos pesquisando, praticando e ajudando organizações em suas iniciativas de gestão do conhecimento e gestão de inovação, esta viagem pelo Japão, por meio das muitas histórias incluídas neste livro me fez refletir sobre como sempre temos muito a aprender em qualquer esfera do fazer ou do conhecimento humano. Obrigado, Cher Pierre, por nos provocar a revisitar teorias, conceitos e perspectivas que, em algum momento, achávamos dominadas.

José Cláudio C. Terra
Presidente TerraForum

Sumário

Introdução – Amerissagem	17
Sozinho, distante e único no meio do oceano	19
Uma cultura estratégica insular	21
O peso dos mitos, o perigo dos clichês	24
Sempre levar em consideração!	26

PARTE I
Chaves

1 O Budo *do Conhecimento Intuitivo*	33
Uma filosofia da ação	34
Só o invisível é japonês	37
A excelência tática e relacional	41
Disponibilidade e senso do ritmo para abrir o espaço	44
"Sen-no-sen is good because it gives you room"	46
Sob a aparência calma, a vigilância constante	50
2 O Ba e o *Conhecimento Colaborativo*	55
"Um espaço compartilhado em movimento"	56
O *ba*, uma consciência compartilhada	57
"Elementar, meu caro Watson!"	60
Construir uma finalidade comum	63
Um *dojo* para a empresa	66
3 O Kata e *a Criação de Conhecimento*	71
Rotinas criativas?	72
Descompactação cultural	75
O *kata* de Nonaka-*sensei*	77
As espirais de conhecimento	79
A informação como ação	81
Os *hubs* do gerenciamento intermediário	83

PARTE II
Portas

4 *Cultura* — 93
    Operacionalidade de grupo — 93
    O DNA dos fundadores — 101
    Chi-Do, a gestão pela sabedoria — 108
    Marketing natural — 115
    O espírito samurai — 118

5 *Espaço* — 125
    Just-in-time — 125
    A energia mobilizadora — 130
    Fluidez total — 134
    O modelo *SECI* no espaço — 137
    A gestão intermediária — 140
    Responsabilidade compartilhada — 146

6 *Comunidade* — 149
    Criador de comunidades — 149
    Supertransferência de competências — 160
    Atendimento e saúde humana — 167
    A abordagem meticulosa — 174
    A família criativa — 178
    A comunidade temática — 180

7 *Tecnologia* — 185
    Gigantismo flexível? — 185
    I link therefore I am — 188
    Estratégia da *home page* — 191
    Escritórios sem papel — 195
    Encarnar o futuro — 197
    "Praças de conhecimento" — 201

Conclusão   *O Caminho do Conhecimento* — 207

Referências — 213

> *De modo geral, a visão de um objeto
> reluzente nos dá um certo mal-estar [...]
> Não que tenhamos prevenção contra tudo
> que brilha, mas a um brilho superficial
> e gelado sempre preferimos os reflexos
> profundos, um pouco velados.*
>
> Junichirô Tanizaki[1]

---

1. *L'Éloge de l'ombre*, PUF, 1993.

Introdução

AMERISSAGEM

> *Na Europa, exige-se a clareza na palavra*
> *e evita-se o equívoco.*
> *No Japão, a palavra mais apreciada é aquela*
> *que alimenta o equívoco.*
> *É a mais estimada*[1].

Em agosto de 2001, tentamos entrar em contato com universitários japoneses que pudessem colaborar com o tema da gestão do conhecimento. Para isso, contatamos a Agência para o Desenvolvimento da Informação Tecnológica (ADIT), que edita um boletim eletrônico realizado pelo Serviço para a Ciência e Tecnologia da Embaixada da França no Japão. Não podíamos imaginar que tudo andaria tão rápido. Após duas mensagens eletrônicas, François Brown de Coulston, então Adido para a Ciência e Tecnologia, convidou-nos a conhecer pessoalmente a realidade das práticas de gestão do conhecimento no Japão. Esse ato de confiança, na realidade essa aposta, levou-nos pela primeira vez ao arquipélago japonês em outubro de 2001. O que devia ser *uma* viagem, *uma* missão com *um* fim, sob a forma de *um* relatório, foi o vírus de um começo! Uma coisa levando à outra, de contatos a relações e de seminários a congressos em Tóquio e em Paris, tornamo-nos, como tantos outros, entusiastas do Japão e de sua cultura única e desconcertante, onde o enigma é com frequência mais eloquente do que a explicação.

Nesse país singular, a viagem é pedagógica, pois a única certeza sobre a qual o não japonês que lá desembarca pela primeira vez pode se apoiar é a de compreender muito pouco ou quase nada. Lá, as palavras não são os melhores vetores da comunicação, e é difícil para a língua inglesa, incontornável, tornar porosa a superfície dos fenômenos com que se defronta o visitante. Por conseguinte, este abre os olhos discretamente, aprende a calar-se e abstém-se de conjecturas fáceis para entender essa realidade móvel que se esforça para se esquivar e para nunca se apresentar cristalizada de modo a ser circunscrita. A razão desqualificada dá lugar, então, à sensibilidade de uma presença no instante, preciosa garantia para evitar equívocos e mal-entendidos. Para compreender, deve-se deixar decantar, o que pode levar anos, sem que haja garantia, no entanto, de revelações programáveis e certas.

A aprendizagem cultural é uma caminhada subterrânea sobre a qual se tem pouco controle. Assim como um grande vinho, o Japão é um país *persistente*[2]. A percepção impaciente de conclusões firmes e sólidas, assim como a pressa na explicação, arruínam a qualidade e o possível benefício. Para ultrapassar o que se oferece ao olhar e ao tato, lentidão e delicadeza são bons veículos que não devem ser logo abandonados, declarando-se "eureca, compreendi!". Seria a predominância de uma atividade sísmica constante que incitaria a uma vigilância permanente ou um traço do caráter *budo* transmitido para além do desaparecimento dos samurais dos tempos antigos? Uma coisa é certa: uma vez no *Narita Airport*, é melhor deixar as certezas no vestiário para navegar nesta sociedade onde *o claro e distinto* de Descartes é uma esquisitice. Ao final de algumas incursões japonesas, conserva-se o gosto pelo silêncio até na saliva, que, assim, retém as palavras para abrir espaço a uma outra dimensão, silenciosa.

Para abordar de que modo este arquipélago entra na sociedade dita do conhecimento, levantamos a hipótese de uma dupla entrada: de um lado, a explicitação da cultura estratégica japonesa; de outro, entrevistas com responsáveis pela gestão do conhecimento em empresas e com pesquisadores dessa temática. Este livro apresenta essa dupla perspectiva através de sua estrutura em duas partes. A primeira compreende três capítulos em forma de *chaves* e abre para a via japonesa da criação do saber, apoiando-se nas características maiores do pensamento estratégico que a subentende. Títulos emblemáticos remetem a três ideogramas *kanji*: o *budo*, a via tradicional do guerreiro (1), o *ba*, um espaço-tempo compartilhado (2) e o *kata*, um método para a criação de conhecimento (3). A segunda parte comporta quatro capítulos em forma de *portas*: cultura (4), espaço (5), comunidade (6) e tecnologia (7), que representam convites a experimentar os caminhos tomados pelas organizações do arquipélago nipônico para conceber, estruturar e operacionalizar a criação estratégica de conhecimento. O conjunto não propõe receitas propriamente ditas, mas convida a um compartilhamento, a uma *harmonia* com o que se pratica de maneira crescente no Japão. Na conclusão, discute-se o alcance universal deste modelo japonês através do estabelecimento de pontes com certos traços da cultura estratégica francesa.

Sozinho, distante e único no meio do oceano

O Japão é um arquipélago montanhoso sem profundidade territorial submetido à violência do fogo dos vulcões e dos maremotos. Ao longo de toda sua história, sua primeira linha de defesa, o mar, preservou-o das invasões, principalmente mongóis, até o ultimato do comodoro norte-americano Perry, em 1853, obrigando-o a abrir-se ao comércio internacional. Diante da urgência e da necessidade, os senhores do país mergulharam especificamente em sua própria cultura, concentrando-se em seus componentes marciais. Isso marcou o fim do período de Edo, antigo nome de Tóquio, onde o prazer, o refinamento e o bem-viver representavam valores dominantes. Essa mudança corresponde também ao fim da dominação do *Shogun* em proveito do poder efetivo do Imperador. A nova era, chamada de

Meiji, traduz-se pela busca global dos melhores modelos ocidentais para adaptá-los ao Japão. Menos de um século depois, em 1905, a marinha de guerra nipônica impõe uma derrota fragorosa às forças navais russas ao largo da península coreana!

Por razões que contam com todo o peso da história e da geografia, a natureza e o meio ambiente do arquipélago são difíceis, até mesmo hostis. Levam-se cerca de duas horas de avião para ir de Tóquio a Seul, a capital da Coréia do Sul, onde o militarismo nipônico não deixou boas lembranças, como tampouco deixou na grande China continental, o Império do Meio. Em 1945, o Império do Sol Levante desfeito se vê, ao sul, amputado de Formosa, atual Taiwan[3], que ocupara durante um século e com a qual constituía um poder marítimo costeando a China. Ao norte, perde as ilhas Curilas para a Rússia.

Neste arquipélago desprovido de riquezas e de recursos naturais, desde cedo se ensina às crianças a interdependência e o espírito de vigília. Não há existência fora do grupo, para o qual não se poupa dedicação e se dá o melhor de si mesmo, pois esta é uma das condições da sobrevivência coletiva. Por outro lado, o que a penúria de espaço não permite em termos de margem de manobra, o Japão consegue por meio de um domínio incomparável de ritmos breves, baseados em um investimento total na presença no instante, que transparece na excelência de sua cultura técnica. O aperfeiçoamento constante e os recursos humanos são a base do desenvolvimento desse país que, por muito tempo, considerou-se único e diferente, nem asiático nem ocidental, mas... japonês!

Para os nativos das ilhas e arquipélagos, pensar a relação com o *outro* sempre se dá em termos mais contrastantes do que nas nações continentais. O recorte marítimo opera uma nítida distinção entre, de um lado, a comunidade dos habitantes afastados das costas e, de outro, *todos* os outros quase indistintamente, ou seja, os continentais, estes *aliens* distantes e estranhos, mas cujas riquezas podem ser objeto de cobiça. Por essa razão, causa surpresa a constatação das similitudes entre as culturas estratégicas insulares britânica e japonesa, principalmente pela importância atribuída ao domínio das comunicações e à captura e processamento da informação vinda do exterior. O senso de comunidade, do que é compartilhado em relação à alteridade de além-mar, é um fato marcante neste país.

Uma cultura estratégica insular

A estratégia não existe em si, mas sempre em relação a objetivos a serem alcançados ou concretizados. Nesse sentido, ela representa uma *arte do como agir*, que varia conforme as culturas. Uma cultura da estratégia sedimenta a arte particular pela qual um coletivo se institui e se perpetua através de suas interações com o espaço, o tempo e a alteridade. Ela se constitui ao longo da história e resulta dos esforços dessa comunidade para se instaurar e se organizar enquanto ator em seu ambiente, para garantir sua perenidade e, para além disso, o que ela concebe como seu bem-estar, seu lugar ao sol no mundo. Ela reúne o patrimônio intelectual e de experiências que lhe permitiu sobreviver e no qual busca forças nos momentos críticos ou difíceis.

Uma cultura da estratégia se traduz por um conjunto de hábitos de pensar, de se comportar e de agir quando se busca concretizar um objetivo. As realidades físicas e de vizinhança a condicionam objetivamente. A experiência histórica, com seu lote de êxitos e de tragédias, desempenha nisso um papel maior, assim como a reflexão teórica que se desenvolve a seu respeito. As religiões e as estruturas políticas e sociais as especificam, sem, no entanto, impedir um aprendizado mútuo. As referências ao Novo ou ao Antigo Testamento da Bíblia, que diferenciam as culturas católicas das protestantes, ao *Jihad* ou à *Arte da Guerra* de Sun Tzu, os jogos emblemáticos ou, então, as artes marciais específicas são fonte de princípios, de roteiros e de atitudes disponíveis quando surgem problemas, quando é preciso enfrentar, quando se impõe a ação ou a interação com o outro, com os outros. A maneira de empregar o tempo difere conforme se viva em um país imenso que permita reações lentas, como a Rússia, ou se ocupe uma faixa litorânea, como no caso de Portugal, Holanda ou Kuwait. Objetivamente, os pequenos países tendem a buscar alianças distantes com um senhor dos mares que preserve sua independência em relação a um poderoso vizinho imediato. Em contrapartida, a hegemonia marítima encontra não só aliados, mas também, e sobretudo, pontos de apoio e de revezamento preciosos contra seus rivais continentais.

O antropólogo norte-americano Edward Hall[4] classifica as culturas como monocrônicas ou policrônicas conforme a maneira de viver e de usufruir o tempo. No caso do Japão, procura-se fazer uma coisa de cada vez; nas culturas policrônicas, ao contrário, sente-se a necessidade de realizar simultaneamente várias tarefas. Há um consenso em classificar o norte da Europa como monocrônico, ao passo que, quanto mais se desce para o sul e para a latinidade, mais usual seria a policronia. A ignorância dessas especificidades leva a mal-entendidos e a incompreensões, embora todos pensem estar agindo da maneira mais correta possível, ou seja, do ponto de vista de sua própria mentalidade mono ou policrônica!

Em um mundo interdependente e aberto, onde se multiplicam as interações entre atores e coletivos de culturas diferentes, a consciência da particularidade de sua própria cultura da estratégia, mas também daquela dos outros, se torna indispensável. Esta é uma condição não somente de eficácia na relação, mas também de discernimento e de enriquecimento. Na falta disso, *o outro*, aquele que é diferente, será sempre considerado um mal-educado, um inculto, um bárbaro incapaz de viver convenientemente, em suma, alguém que terá suas imperfeições e fraquezas permanentemente salientadas, e suas especificidades e trunfos, esquecidos. Mais grave ainda, tal postura restringe a um raciocínio estratégico unilateral, dominador, até destrutivo, pois fica limitado apenas à relação imediata de forças. Ele não leva de forma alguma a um domínio da interação, ou da "dialética da interação das vontades"[5], criativa, aberta e que considera o longo prazo. Os atores humanos não podem dizer "faça-se a luz", tal como Deus no Evangelho de São João, para que isso se torne realidade; daí a necessidade de adaptar-se às circunstâncias, às eventualidades do futuro e... aos outros! A não ser que se reduza e se suprima definitivamente até o último dos adversários, é mister constatar que os germes das vontades adversas persistem para além da resolução temporária de um conflito e que se deve aprender a lidar com isso. Por essa razão, a cultura estratégica chinesa tradicional recomenda evitar a criação de obstáculos futuros difíceis de gerir.

Preocupar-se com a duração é característico da estratégia bem compreendida. A ignorância da especificidade da cultura alheia favorece tanto a surdez e a cegueira a respeito dos outros quanto acerca de si mesmo: de suas forças e fraquezas e de suas capacidades de aprendizagem e de melhoria. O distanciamento é essencial: "o princípio do recuo estratégico é fundado nesta visão da diversidade das culturas e na possibilidade de analisar os modos de ação dos povos e seus comportamentos estratégicos a partir dos elementos de continuidade de sua história"[6]. Como uma hipotenusa, a estratégia articula e compõe os dois lados de um ângulo, eu mesmo e os outros, no plano dado pelo meio e pelas circunstâncias. Abordar e compreender essas diferentes culturas não somente torna possível, por distanciamento e por contextualização, ressaltar os trunfos e as deficiências da sua própria, mas também proceder de modo similar acerca dos outros. Tanto na competição quanto na associação, isso abre à condução da interação estratégica com uma preocupação de perenidade. Essa abordagem da diversidade é não somente uma fonte de desenvolvimento e de eficácia, mas também um imperativo em um mundo aberto e interdependente onde as tecnologias da interação desempenham um papel cada vez maior.

O peso dos mitos, o perigo dos clichês

A consideração dos fundamentos culturais da estratégia tal como ela se forjou no Japão não significa que todas as empresas nipônicas funcionem de maneira uniforme a partir do modelo feudal dos clãs e que todos seus empregados ajam como samurais, corpos e mentes devotados a seu *daymyo*[7]. Assim como qualquer outra, a cultura japonesa da estratégia constitui uma tela de fundo, um conjunto de referências espontâneas, de atitudes e de comportamentos disponíveis para pensar e para agir coletivamente no tempo e no espaço. Ela impregna o imaginário japonês do mesmo modo que a Ilíada e a Odisséia, a Canção de Rolando, os Cavaleiros da Távola Redonda ou a lenda do *El Dorado* o fazem na literatura européia.

Nos Estados Unidos, o Mito da Fronteira, sempre avançando a oeste graças a pioneiros determinados e voluntariosos, agentes do progresso da civilização contra o estado selvagem, constitui uma referência perene. A história dessa conquista remete à organização de expedições punitivas contra os índios que causavam problemas e se opunham à prosperidade dos colonos. O roteiro da expedição punitiva contra bárbaros constitui um modelo de ação, como se pôde constatar na guerra do Afeganistão, onde a "cavalaria moderna" atacou, em seu esconderijo, os agressores da civilização norte-americana. Disponível, o roteiro já estava escrito, bastou atualizá-lo em função das circunstâncias.

Fato curioso, a literatura, até mesmo a história em quadrinhos, cria, às vezes, uma história emblemática mais verdadeira do que a própria! Assim, *Asterix, o Gaulês* prefigura a *exceção cultural* francesa em seu combate contra a hiperpotência norte-americana. Nas diferentes viagens fora da Gália, entre os iberos, godos, corsos, egípcios ou helvécios, os personagens Asterix e Obelix sempre reconhecem a especificidade e o direito à diferença das culturas em relação à dominação romana, o que não deixa de lembrar certas orientações da política internacional da França. Os mitos constituem matrizes disponíveis para atualizar comportamentos particulares através da história ou as necessidades do momento. Mais tácita do que explícita, uma cultura da estratégia se manifesta em reflexos e modelos de ação *a priori* pouco questionados. Assim, em uma comunidade nacional não é muito útil especificar *como* conceber e pôr em andamento uma estratégia; isso constitui uma economia para a ação e um ganho de tempo, mesmo que não seja garantia de sucesso.

Embora o espaço marítimo seja uma vantagem defensiva objetiva para os insulares, ele também representa uma fronteira *panoramicamente* aberta. Preocupados em resolver esse dilema, os soberanos britânicos fizeram das costas adversárias suas verdadeiras fronteiras estratégicas e desenvolveram a excelência no domínio marítimo. A realidade física da insularidade incita a inventar um meio de dominar o espaço da comunicação com o exterior. Foi por essa razão que arquipélagos com forte tradição mercantil implantaram bem cedo serviços de *inteligência* para lutar contra a deficiência da distância e para acumular informações sobre seus rivais continentais. Montar uma expedição além-mar obriga a pensar e a calibrar o esforço previamente em função das condições de alcance das costas adversárias, fonte de riquezas ou clientes, mas também das disposições continentais que é proveitoso conhecer!

A excelência logística é estratégica para planejar com segurança uma dupla ruptura de carga: no embarque, para deixar a ilha ou o arquipélago; no desembarque no continente, em condições que podem ser hostis. A cartografia (inteligência) é necessária assim como a segurança das condições do retorno (logística), e tudo isso passa pela informação. Esse tipo de situação geográfica pode propiciar mentalidades coletivas predadoras, que unem aqueles que estão de um lado do *Channel*, qualificado de *English*, do mar do *Japão* ou do Golfo do Leão para a Córsega, diante das realidades do continente assimiladas a presas. Do compartilhamento necessário dos dados obtidos decorrem verdadeiras culturas da informação, ou seja, de sua partilha e da otimização de seu uso.

A distinção entre insulares e continentais retoma, de certo modo, aquela que opõe nômades e sedentários na capacidade de movimento e de surpresa. Sem limites no elemento marítimo, os insulares, quando o controlam, dispõem da liberdade de ação e da iniciativa em relação a continentais limitados a uma defensiva em todos os pontos da costa. Ainda que as potências continentais também tenham tentado dominar os mares, este é um fator crítico vital para os insulares. A exemplo da potência britânica, uma vez concluída sua unificação, o Japão imperial se voltou para a conquista externa, após ter largamente importado da China e da Coréia, ao longo de toda sua história, escrita, filosofia, jogos, religiões, artesanato e até o grande clássico da arte da guerra de Sun Tzu. Entretanto, o Japão é um transformador que sempre *niponizou* e, na maior parte das vezes, melhorou os aportes e as aquisições vindos do exterior.

Sempre levar em consideração!

Diante das mudanças e das incertezas da globalização e da perda da vantagem industrial dos países ricos na competição internacional, muitos comentaristas quiseram dar por acabado um Japão em crise e relegado a segundo plano diante da expansão espetacular da China, cujo futuro ninguém sabe! Isso demonstra como se conhece pouco este arquipélago que, mais de uma vez, surpreendeu por sua capacidade de aceitar desafios, apoiando-se em sua cultura e em suas tradições para definir fórmulas apropriadas de desenvolvimento. Quando a gestão de tipo industrial, fundada na concentração de esforços dentro de uma lógica de território e de estratégias de confronto, de inspiração norte-americana, mostra que tem pouco fôlego para enfrentar os desafios organizacionais da sociedade do conhecimento, as empresas japonesas experimentam modelos que rompem com as representações convencionais.

O avanço sem precedentes das tecnologias da informação e da comunicação, tanto virtuais quanto reais, em um mundo de tênues fronteiras internas, onde o conhecimento desempenha como nunca um papel estratégico, não permite mais que se pense a atividade econômica com os mesmos esquemas e critérios. Entre esta nova situação que emerge e as concepções tradicionais, o hiato é tão profundo que é difícil imaginar alternativas e possibilidades viáveis. O temor em relação às novas problemáticas e aos novos valores da competição econômica assalta os administradores e os cidadãos. Como pensar e operacionalizar a atividade em um contexto cuja definição e contornos chocam a ponto de esterilizar a imaginação? É na aposta calculada e no risco que nascem as soluções de hoje e de amanhã ou, mais exatamente, é no movimento! Hoje em dia, haveria uma escolha de verdade?

Pragmático e consciente dos desafios, dos perigos e das necessidades, o Japão dedicou-se a experimentar novos princípios de gestão, agrupados sob o rótulo de criação de conhecimento (*knowledge creation*), que uma definição mais acurada traduziria por *comunidades estratégicas de criação colaborativa de conhecimento em um mundo aberto*. Atualmente, os conceitos, modelos e modos circulam no planeta com a velocidade da luz através dos países e das culturas. A importação cega desse aporte japonês seria não somente grotesca e inoportuna, mas também totalmente ineficaz, além de contra-producente. Como acontece com os *softwares* baixados da internet, a descompactação, neste caso cultural, é incontornável. É a partir de seu húmus cultural que o Japão renova a gestão de suas empresas, avançando em relação aos grandes competidores industriais.

Este livro é um convite a descobrir os valores que a forja japonesa elabora e experimenta para a gestão das organizações na sociedade do conhecimento aplicando-os a si mesma. O alcance da mensagem ultrapassa as empresas, pois a revolução planetária em andamento consiste em uma verdadeira reviravolta nos hábitos, nas representações e nas concepções da ação coletiva ou individual. É claro que o mundo não se tornará japonês, ou chinês, mas não se pode deixar de ver nestas experimentações nipônicas uma fantástica fonte de inspiração e de estímulo para um Ocidente que as metodologias tecnicistas norte-americanas deixam mais do que dubitativo para afrontar o presente e construir um futuro viável. Considerando que esta energia está perdendo o fôlego, voltemo-nos para este Extremo Oriente, não para reproduzir – o que seríamos incapazes de fazer, considerando nossos húmus culturais –, mas para enriquecer e revigorar uma capacidade criativa e conceitual que libera a ação. Quanto mais se olha o outro tentando compreendê-lo, mais se fica sabendo, por contraste, sobre si mesmo!

Harmonia no Aeroporto de Narita

Diante do aparelho de raios-X de controle das bagagens do vôo da companhia *Air France* para o aeroporto de Paris Roissy-Charles de Gaulle, dois empregados da alfândega bem cinturados em seu uniforme, camisa e gravata brancas, afáveis, mas graves, estão em pé sobre a faixa que fecha o acesso ao *check-in* antes do horário, pontualíssimos. À sua esquerda, o mesmo dispositivo na *British Airways*, em direção a Londres. O caucasiano[8] espera apoiado em um carrinho de bagagens *high-tech*, compatível com as escadas-rolantes, nada a ver com os indesejados patinetes capengas ou com carrinhos de outros aeroportos.

Preocupado em escolher seu lugar, o viajante, que chegou bem adiantado, está em terceiro lugar na fila, em frente à boca do aparelho de raios-X. De repente, a intervenção de um empregado de uniforme verde, rosto barbudo e iluminado, o tira de sua letargia brumosa de passageiro à espera. Com um largo sorriso, o empregado toma o carrinho onde se encontram suas bagagens sem desviar o olhar. Os funcionários da alfândega do setor de raios-X observam, desconcertados e atentos, mas não intervêm.

Aquele que o caucasiano considera um aino[9], haja vista sua tez e a cor quase ruiva de seus cabelos, manobra o carrinho pronunciando palavras tranquilizadoras e provavelmente simpáticas. Ele acompanha seu deslocamento com um gesto largo indicando uma linha perpendicular ao aparelho de raios-X, onde a fila de espera se alinhará atrás do carrinho para deixar espaço livre ao fluxo das pessoas que, querendo atravessar o saguão, se chocavam com essa barreira de viajantes que chegava às portas de vidro do aeroporto.

Seu argumento é convincente, e toda a fila se move rapidamente tal como uma serpente articulada em um movimento flexível, sem tumulto e sem furar a fila, enquanto os funcionários tranquilizados e sorridentes vibram com uma real sensação de prazer. O aino encarregado de uma tarefa local especializada restabeleceu a harmonia e fluidez globais no saguão do aeroporto para que todos circulassem à vontade, e todo mundo lhe agradece por isso!

Notas

1. L. Fróis, *Traité de Luis Fróis (1585) sur les contradictions de mœurs entre Européens et Japonais*, Chandeigne, Paris 1993.
2. Em francês, na linguagem da enologia, diz-se que o vinho é *"long en bouche"*, ou seja, que ele "dura na boca".
3. Muitos taiwaneses mais velhos ainda falam japonês.
4. Edward Hall, *A Dança da Vida: a outra dimensão do tempo*. Ed. Relógio D'Água.
5. A. Beauffre, *Introduction à la stratégie*, Economica, Paris, 1985.
6. B. Nadoulek, *L'Intelligence stratégique*, CPE Aditec, Paris, 1991.
7. Chefe de clã no Japão feudal.
8. Designa, no Japão, qualquer pessoa de raça branca não asiática.
9. Os ainos são anteriores aos japoneses atuais. São encontrados essencialmente no norte do arquipélago.

PARTE I
Chaves

I

O *Budo* do Conhecimento Intuitivo

武道

Agora é o momento, e o momento é agora.
Josho Yamamoto[1]

*Se buscas conscientemente te opor ao teu inimigo,
já estás atrasado!*
Miyamoto Musashi[2]

Uma filosofia da ação

O nascimento da cultura estratégica japonesa data da época feudal do arquipélago, cuja figura emblemática, para além dos clichês, é representada pelo guerreiro, samurai devotado, da mesma forma que o mandarim, funcionário público e político letrado, encarna aquela da China antiga. Duas obras de referência o retratam. A primeira é o *Gorin-no-sho*, ou *Livro dos Cinco Anéis*, de Miyamoto Musashi, que, segundo a lenda, teria vencido 60 combates mortais antes de dedicar sua velhice ao estudo e à meditação. A segunda é o *Hagakuré*, que significa literalmente "escondido na folhagem", obra atribuída ao samurai que se tornou o sacerdote Jocho Yamamoto.

Esses dois textos, que remontam ao século XVI da era cristã, estão disponíveis em línguas ocidentais. O *Gorin-no-sho* constitui uma referência totalmente aceitável e aceita no Japão contemporâneo; o *Hagakuré*, no entanto, por seu lado absoluto e fundamentalista, pode-se dizer, ainda carrega a marca do militarismo imperial que sucedeu aos primórdios da era Meiji. A lista dos comentaristas desses textos é impressionante. Um dos mais famosos é o romancista japonês Yukio Mishima, que conciliou suas convicções e seus atos através de seu suicídio ritual em 1970. Em seu texto emblemático fundamental, Jocho Yamamoto declara que, diante do dilema extremo da vida ou da morte, o guerreiro que pensar prioritariamente em se salvar jamais mobilizará a totalidade de seus recursos. Essa preocupação fatal da economia não somente é imperdoável, mas também refreia sua determinação, engessa sua ação e restringe suas capacidades operacionais. Pensar em morrer é, ao contrário, a condição do comprometimento total, do máximo rendimento, da superação dos próprios limites e capacidades. "Obrigado a escolher entre a vida e a morte, escolha a morte sem hesitar", recomenda esse autor. Cerca de três séculos mais tarde, comentando esse texto, Yukio Mishima ressalta que a morte é uma conselheira e a melhor assistente no caminho do samurai. "O *Hagakuré* afirma que meditar diariamente sobre a morte é se concentrar na vida. Caso se faça seu trabalho tendo em mente que se pode muito bem morrer hoje, não se escapará à impressão de que esse trabalho goza de vida e de significação. [...] Mas esse sacrifício individual passa pela existência amparada em uma comunidade que perpetua sua nobreza"[3]. Encontramos aqui toda a importância da dimensão comunitária e do investimento total, próprio à cultura japonesa.

Por sua origem no caminho do guerreiro, a cultura estratégica japonesa, embora se inspire na cultura estratégica chinesa, difere desta, mais ardilosa e política, onde predominam a duração e o gasto mínimo. O princípio de economia, de preservação da energia e de manutenção dos equilíbrios, central para os chineses, pode dar lugar a combinações e a estratagemas tortuosos. Independentemente dos clichês, as figuras do *mandarim* e do *samurai* representam emblemas das culturas estratégicas tradicionais da China continental e do Japão insular. O servidor letrado do Estado consegue seu posto graças a um mérito adquirido pelo estudo e, se preciso for, pela intriga, ao passo que a devoção absoluta do guerreiro a seu clã, e mais particularmente a seu chefe, não tem limite senão na morte! O chinês preocupa-se com a permanência e com a gestão dos equilíbrios para garantir a perenidade do Estado, enquanto o japonês conta apenas com seu comprometimento pleno e íntegro no presente.

Devido ao raciocínio global e à consideração do longo prazo, a cultura do mandarim é mais centrada na estratégia, e a do samurai se supera primeiramente no tático e no operacional. Mas, por razões diferentes, tanto na cultura estratégica chinesa quanto na japonesa, o tempo ocupa um lugar determinante, o que coloca seu estudo particularmente em pauta devido à preponderância da dimensão temporal sobre a dimensão espacial no mundo atual. Na China, à imagem da água e dos grandes rios, a ação é precedida por torrentes imperceptíveis, dificilmente controláveis, mas cujos efeitos acumulados posteriores podem ser devastadores. Já o fogo do caminho japonês do guerreiro é precedido por uma lenta mutação coletiva que angaria o consentimento e a energia de cada um[4]. Depois, estando estabelecida a direção, o envolvimento operacional quase não tem limites, tampouco resta espaço para uma dúvida inoportuna! Em ambos os casos, a preparação é lenta.

No Japão, a cultura estratégica se traduz por uma filosofia da ação cujos valores essenciais são a subjetividade e a devoção. Retomando os termos de Jocho Yamamoto, Yukio Mishima evoca a "pura sinceridade instintiva" que leva a um ideal tal que merece que se morra por ele. "A filosofia do *Hagakuré* faz da ação o meio mais eficaz de escapar aos limites do ego para mergulhar em uma unidade mais vasta." A importância da harmonia e da participação no todo para formar apenas um com ele se perfila como o objetivo último a realizar nos diferentes *do*[5] japoneses. Yukio Mishima denuncia com rara virulência o humanismo ocidental, cuja pretensão universal não faria mais do que mascarar, segundo ele, uma fraqueza subjetiva e a inconsistência do ego. O espírito calculista que funda o racionalismo europeu culminaria apenas na consideração da morte como um débito e da vida como um crédito, ao passo que o caminho do guerreiro, ao contrário, ensina a mais intensa das concentrações em todos os instantes da vida, sem exceção, a fim de que jamais falhe a vigilância.

"Na filosofia do budismo Zen, o fim está contido nos meios, o objetivo reside no caminho"[6]. Somente o presente conta, somente o presente existe. O passado é apenas a consciência presente do que foi, e o futuro está contido em potencial no presente. É por isso que Jocho Yamamoto recomenda considerar que "agora é o momento" e que, sempre, "o momento é agora". Por essa razão, não há distinção ou relativização entre a qualidade de um instante particular em relação a outro. O treinamento, a meditação, assim como o ato mais comum e diário, têm a mesma importância, tanto quanto um duelo em que o que está em jogo é a morte, ou a vida, quando se é justo!

O real é uma escola que se enfrenta sem fingimentos, com o envolvimento de todo o ser. O obstáculo, a resistência, o inimigo, do mesmo modo que as evoluções e as coerções do ambiente, ao invés de serem ocultados ou negados, representam, ao contrário, uma fonte de aperfeiçoamento, um verdadeiro ponto de apoio para a progressão e a melhoria constantes. Os entraves, as dificuldades e as disfunções são reconhecidos, estudados e respeitados, até mesmo buscados, pois em sua ausência não haveria mais via possível, não haveria mais *do*! Todo ator individual ou coletivo é plenamente responsável por seus fracassos e seus êxitos sem que desculpas quaisquer ou estados de espírito entrem em questão, tampouco considerações particulares quanto às dificuldades ligadas às circunstâncias. Um espírito de permanente vigília decorre dessa atitude, e isso se traduz principalmente por uma sensibilidade exacerbada e por uma excelência japonesa em tratar o *sinal fraco*[7] para produzir conhecimento operacional. Nada do que se percebe é negligenciado, e se deve contar com o peso da referência ao *budo* no gerenciamento e no desenvolvimento econômico nipônico.

Só o invisível é japonês

"A via consiste em garantir o domínio do centro. O centro é estabilidade, harmonia"[8]. A justeza do posicionamento e da ação decorre de uma relação com o todo, do qual o indivíduo é apenas um componente. Esse princípio leva a uma exigência de sinceridade que apaga, na medida do possível, as distorções interpretativas que resultam da predominância do *ego*, da importância atribuída a um pequeno *eu* pretensamente distinto e independente do meio. A harmonia se realiza a partir de um ponto central, o *hara*[9]; formar um só corpo com a natureza garante a invencibilidade, pois não é possível se opor à própria natureza! No combate, sobrevive aquele que se acomoda às circunstâncias a partir de seu *hara*. "Dele partem todas as coisas, escreve Michel Random, e [para ele] retornam todas as coisas [...] A grande simplicidade é sempre o resultado de uma harmonia, e esta, de uma implicação no presente que não se deixa captar nem pela distração, nem pela concentração." Tradução nos fatos mais do que prova de verdade, o combate revela quem deve viver ou desaparecer. Em outras palavras, ele distingue entre quem está em harmonia com o ambiente e quem, não tendo sabido ler suas condições, consequentemente não se adaptou a ele. Isso supõe um trabalho constante, que independe das próprias situações de conflito.

O combate não é mais do que a manifestação do que preexiste, pois um duelo "é ganho de início espiritualmente", escreve Miyamoto Musashi. Isso faz com que a competição se situe antes do visível, ou seja, no nível do conhecimento imediato que mobiliza as capacidades de ação. O processamento da informação faz parte plenamente desse processo, e o meio mais eficaz de conseguir isso resulta de uma exigência diária continuamente renovada. "Só o invisível é japonês", responde Yukio Mishima à pergunta de Michel Random, que se espantava ao encontrar apenas móveis franceses antigos no apartamento do romancista. Como esse autor tão apegado aos valores e às tradições ancestrais de seu país podia ter um interior, espaço íntimo da existência, tão ocidentalizado, questionou Michel Random. Essa réplica de Yukio Mishima designa o ser, e não, o parecer das formas, passageiras e sem importância. Após tentar, em vão, animar as Forças de Autodefesa japonesas em 1970, esse romancista ultranacionalista se suicidou ritualmente por *seppuku*[10] depois de constatar seu fracasso. Julgando que sua vida não merecia continuar nas circunstâncias de um Japão moderno – esquecido, a seu ver, de suas raízes –, ele conciliou suas convicções com seus atos por meio desse gesto derradeiro.

A educação da intuição é central na cultura do samurai. Para o filósofo Kitaro Nishida[11], "quando se tenta definir a intuição no plano do conceito abstrato, não se pensa senão em um estado estático. Na verdade, ela consiste em captar a realidade por intermédio de nosso corpo. Assim, ela deve se chamar intuição-ato"[12]. A atitude *budo* induz uma comunhão participativa com o meio, que suprime a duração entre a origem de um sinal, sua percepção e, em consequência, o efeito ou reação adequada a este. É por essa razão que se diz, no Japão, que "é observando o movimento das carpas douradas no açude que o sábio detecta a proximidade do tremor de terra". Assim como a sensibilidade imediata das carpas percebe os movimentos telúricos, os japoneses estão permanentemente à escuta da mudança imperceptível das circunstâncias que, impondo-se a eles, lhes dão a oportunidade de serem justos.

Essa justeza remete à noção de verdade, mas também convém entendê-la em relação ao tempo, ao ritmo que se impõe, à adequação às circunstâncias que, afinal de contas, favorece a harmonia. As artes marciais, a arte floral ou a cerimônia do chá são algumas das expressões disso, e o treinamento incessante educa a sensibilidade a ponto de torná-la perfeita. Esse estado de perfeição que parece inatingível para uma mente ocidental, mais marcada pela transcendência do que pela imanência, manifesta-se no arquipélago através do *status* de *tesouro vivo*, ser humano que, em sua vida terrestre, realiza a perfeição de uma arte. Um artesão que produzir uma laca irrepreensível pode ser declarado tesouro vivo pelo Imperador, pois a excelência é deste mundo. Ela não se situa em um além *post-mor-*

tem, em uma hipotética vida após a morte, mas se encarna quando a vontade do indivíduo não impede mais o trabalho da natureza, quando nenhuma viscosidade pessoal se interpõe ou freia a harmonia natural.

Mestre Ueshiba, o fundador do *aikido*, ensinava a seus discípulos que aquele que se opunha a ele atacava a própria natureza... e como lutar contra as leis da natureza? O mestre de *kyudo*[13] Awasa, com quem Eugen Herrigel[14] iniciou-se no arco e flecha tradicional japonês, afirmava não ser ele quem esticava o arco e ajustava a flecha que atingia a mira, pois algo atirava através dele! Literalmente absorvida pelo alvo, a flecha formava um único corpo com ele, antes mesmo que o golpe partisse. Passado, presente e futuro são apenas um, unificados no instante! O gesto exato se manifesta quando não existem mais diferenças entre o arqueiro, a flecha (o intermediário) e o objetivo (o fim). É se afastando de uma vontade fragmentada, estancada e engessada em um objetivo estreito que se consegue deixar a energia se manifestar em estado puro.

Uma atenção focalizada demais em uma intenção, um objetivo ou o sabre do adversário vampiriza a vontade e apenas alimenta e aumenta o perigo enfrentado. "O sábio mostra a Lua, mas o ignorante olha o dedo", diz o provérbio árabe. Isso equivale a sofrer a ascendência do adversário, a se submeter a seu jogo e a aceitar sua definição dos termos da interação. "Toda intenção é em si mesma um objetivo que aliena o objetivo derradeiro"[15]. O gesto é natural e necessário quando nenhuma vontade pessoal se interpõe. "Quando o objetivo não está mais separado de mim, posso ver a flecha atingir o objetivo antes que ela parta"[16]. Todo o trabalho consiste em se tornar capaz de perceber e em se deixar manifestar o que existe, sem reter nem bloquear nem querer influenciar seja o que for. A finalidade não se situa tanto na conquista quanto na exatidão da transformação presente, ou no caminho, como escrevia Antonio Machado.

Conhecer, renascer com as condições do mundo, quaisquer que sejam suas características, é a arte que engloba a ação em um processo que esposa o sentido e até mesmo o deixa se manifestar por si mesmo, como as carpas douradas, sensíveis aos fremidos precursores da atividade sísmica. A educação para a sensibilidade aos sinais está inscrita na cultura japonesa. Nela, a comunicação não somente depende muito do contexto, mas se funda em um não dito decodificado na recepção, surpreendentemente de maneira tácita e comunitária. Uma formulação explícita demais seria percebida como a demonstração da incapacidade de uma pessoa a compreender por si mesma. Seguindo esse raciocínio, uma demanda insistente de esclarecimento pode significar que uma declaração foi confusa. Em ambos os casos, um dos interlocutores ficaria desprestigiado e o outro se comportaria como um personagem grosseiro e inculto. Devido a essa interdição tácita, desenvolvem-se sutis e temíveis capacidades de observação para captar os sinais sem que a necessidade da demonstração *clara e distinta* se imponha ou se interponha. O tempo da explicação na emissão é ganho e se desloca para a recepção, que se molda a ela com ritmo[17]. Os mestres japoneses não se sobrecarregam com explicações passo a passo, mas fazem sentir e perceber uma técnica através de um movimento global, uma essência com a qual os discípulos são convidados a entrar em ressonância. Como evocado anteriormente, as palavras não são os melhores veículos da comunicação no Japão por serem demasiado lentas, limitadas em seus significados, negligenciando a parcela da sombra e do contexto que são essenciais no arquipélago nipônico.

A excelência tática e relacional

A cultura estratégica japonesa dedica uma atenção particular às interações porque é a partir delas que tudo se implica e se organiza. "O 'eu' é definido em função da circunstância, de sua relação com o outro: sua validade é ocasional, ao contrário do que se pratica nas línguas européias, onde a identidade se afirma independentemente da situação"[18]. Por conseguinte, a apreensão sensível e a consciência da relação, de suas determinações e de suas transformações são fundamentais tanto em relação aos outros quanto ao meio. No combate, os lugares respectivos daquele que toma a iniciativa e daquele que se submete são relativos e intercambiáveis.

Nada pode ser considerado fixo e eterno, tudo é submetido a ritmos em que se sucedem atividade e repouso, ofensiva e defensiva, positivo e negativo... E é isso que convém identificar. A harmonia preside essas alternâncias no espaço e no tempo, ela é seu condutor, seu arquiteto e, por assim dizer, o estrategista a serviço da transformação permanente. Logo, aquele que consegue coincidir com a harmonia em tempo e lugar age de concerto com ela, mas o desenvolvimento dessas capacidades demanda um treinamento particular e exigente. Em *aikido*, o parceiro que sofre uma técnica (*uke*) trabalha para nunca sair do âmbito dessa relação estruturante e evolutiva com o parceiro que a aplica (*tori*). Moldando-se às trajetórias para manter a harmonia, *uke* permanece em situação de retomada de iniciativa do próprio interior do movimento que ele segue e cuja compreensão prática desenvolve[19].

O conceito de "pura experiência", proposto pelo filósofo Kitaro Nishida, designa o que, na percepção, se situa na origem da manifestação formal. "O instante em que se vê uma cor, em que se ouve um som é prévio, não somente ao pensamento de que a cor ou o som resultam da atividade de um objeto externo ou ao momento em que o indivíduo sente algo, mas também ao julgamento do que poderia ser essa cor ou esse som"[20]. Essa consciência imediata passa pelo envolvimento corporal em um ambiente, até mesmo em um tecido relacional, do qual os indivíduos são partes integrantes, simultaneamente estruturantes e estruturadas. A ação nesse âmbito não é, portanto, o resultado de uma decisão, de uma vontade em ato, perseguindo um objetivo autônomo desejoso de se impor e de modificar a configuração de uma situação. Ao contrário, trata-se de uma participação desenvolvida de acordo com a natureza; ora, essa justeza repousa no exercício da sensibilidade e do senso do instante.

"Em uma ação repentina, existe um momento situado entre a vida e a morte, é o instante. O instante está fora do tempo. Simplesmente, ele é. É o que existe de eterno no homem e em todas as coisas. O guerreiro se habitua a viver em instantes. Nos instantes, não existe nem vida nem morte. Cada enfrentamento entre dois samurais é, a seu modo, a arte de viver esse instante... em que ser e não ser, em uma fração de segundo, formam apenas um"[21]. Essa aptidão ao conhecimento, fundamentalmente japonesa, apoia-se em uma capacidade intuitiva e de ação imediata, não diminuída pela lentidão de um processo mental. O tempo da análise de uma situação em que agentes estão envolvidos de maneira vital dá origem a uma resposta suscetível de ser defasada e, portanto, fatal! Além disso, ela gera desordem, pois estabelece o indivíduo como fonte única da decisão do que deveria ser, independentemente dos elementos do contexto e da lógica própria do conjunto que eles constituem.

Para Josho Yamamoto e Yukio Mishima, o caminho do samurai consiste mais em alcançar a verdade imediata dos fatos através de uma mobilização extrema e absoluta a serviço de seu *daymyo* do que em elaborar planos, considerar ou escolher para si objetivos particulares. Sua razão de ser não diz respeito à consideração do fundamento dos objetivos a serem alcançados, mas repousa exclusivamente em seu aperfeiçoamento como recurso mobilizável, seja qual for o lugar, a hora ou a particularidade da situação. O samurai não pensa no futuro, pois conhece apenas o instante da experiência pura. Sua consciência imediata não é freada por nenhuma formalização ou preocupação em poupar a própria vida! Considerar o *budo*, esquecendo de situá-lo no âmbito da sociedade clânica, equivale a amputar a compreensão de um elemento racional chave e que organiza a reciprocidade do compromisso entre o guerreiro e seu mestre. O samurai pode se devotar de corpo e alma à sua arte porque seu *daymyo* garante a responsabilidade da definição da direção e da manutenção dos interesses da casa que ele encarna. O caso de Musashi, o autor do *Gorin-no-sho*, é particular porque, enquanto *ronin*, ele não tinha mestre, o que o levava a um nível de abstração e de devotamento à ética do samurai, além dos limites possíveis das capacidades de um *daymyo*.

Disponibilidade e senso do ritmo para abrir o espaço

Como vimos anteriormente, as características físicas do arquipélago nipônico influenciam fortemente sua cultura estratégica. Há séculos, o que esse povo não dispõe em termos de *espaço* ele providencia no *tempo* por meio de uma surpreendente capacidade para agir na precisão de microrritmos. Visto que a raridade do espaço limita a disponibilidade da liberdade de ação e de movimento, o paliativo consiste em conseguir isso no tempo por meio de uma antecipação fundada na excelência prática e no conhecimento, os quais permitem agir oportunamente através de uma fração de tempo adiantada. Se nos Estados Unidos da América *time is money*, no Japão o tempo se mede em espaço ocupado, e é por isso que lá tudo anda muito depressa. Na vida cotidiana, mal uma relação inicia, já tem sua resposta factual, e o interlocutor realiza os gestos e rituais *ad hoc* para deixar espaço livre a outras necessidades. Isso se traduz mais uma vez pela intensidade qualitativa do instante e pelo direcionamento pleno e integral da atenção para que não exista frustração nas microfatias de tempo ganho.

Nessa linha de pensamento, a educação da sensibilidade e da intuição permite perceber tendências ou necessidades antes que elas se manifestem explicitamente no real. Essa perspicácia permite a um ator, individual ou coletivo, posicionar-se e inscrever sua ação neste espaço-futuro, ainda vago, beneficiando-se dessa fração de tempo adiantado como um surfista que encontra a onda quando ela se forma. Vivenciado no nível comunitário, "o pensamento estratégico da Antecipação é prospectivo. Ele age sobre a mudança e permite reestruturar a disposição das forças por meio da criação de novas armas (a inovação) ou de novos princípios de organização (a rede) fortalecendo a coesão do grupo e a determinação dos homens através da criação de novos valores"[22].

O Japão é um país meticulosamente organizado no espaço, que tira proveito de sua grande aptidão para dividir, subdividir e otimizar o tempo. "Quando o ritmo domina, a execução é boa", ensinava Musashi, e essa noção de ritmo está no centro da cultura estratégica japonesa. O *Gorin-no-sho* recomenda distingui-lo em todas as coisas. É ele que une o coletivo e garante a coordenação operacional, como uma respiração compartilhada. "É preciso saber distinguir entre o ritmo ascensional e o ritmo descendente [...] É preciso primeiramente conhecer o ritmo concordante e depois compreender qual é o ritmo discordante. É preciso saber distinguir o ritmo que cai bem, o ritmo que deve ser estabelecido conforme a ocasião e o ritmo divergente, todos os ritmos, amplos ou breves, lentos ou rápidos, são característicos da tática. De modo muito particular, se não se captar o ritmo divergente, a tática não terá bases sólidas."

O ritmo compartilhado na empresa se traduz pelo *Ba*, como veremos no próximo capítulo e nos testemunhos da segunda parte deste livro. No combate, Miyamoto Musashi recomenda o ritmo vazio, nascido da inteligência, que se manifesta de maneira inesperada pelo inimigo[23]. Para captar o ritmo do outro, desenvolve-se uma aptidão para se colocar inteiramente em seu lugar, a fim de reduzir as intenções adversárias no próprio instante em que surgem! Agir nessas primícias representa uma aplicação sublime do princípio da economia dos meios e da eficácia. "O essencial da execução consiste em manter a iniciativa, desnorteando incessantemente o ritmo do adversário e modificando sua própria tática, sempre que necessário, até a vitória"[24]. A referência constante ao duelo no *budo* lhe dá uma conotação primeiramente tática, até mesmo operacional, o que leva à interrogação sobre o *lugar* da tomada de decisão *estratégica* no Japão. Nesse tema, a literatura tradicional chinesa se serve da imagem do arqueiro, do arco e da flecha[25] para nomear e distinguir os níveis *político* (os fins), *estratégico* (a combinação dos meios) e *tático* (o envolvimento dos meios na situação real). Ora, como já vimos anteriormente, esses três níveis tendem a se tornar um único no *budo* quando o caminho do samurai é a morte! Essa falta de distanciamento comporta grandes riscos a médio e longo prazo.

Se "o fim está nos meios"[26], de nada adianta pensar além, e as qualidades de uma dada situação não têm valor particular quanto à condução da ação, tampouco o espaço constitui um limite a seu desenvolvimento.

"Sen-no-sen is good because it gives you room"[27]

O *Gorin-no-sho*, que tem como subtítulo *o caminho da vantagem em todas as coisas*, consigna um conjunto de recomendações práticas e detalhadas para o combate conforme os níveis respectivos dos protagonistas. Várias modalidades de interações são consideradas em função das possibilidades de ação em lapsos de tempo mais ou menos longos. As técnicas *sen*, diretas, baseiam-se no domínio de uma vantagem que pode fazer a diferença no decorrer de um envolvimento frontal cujo resultado é logo alcançado. Geralmente, isso se traduz por uma técnica, um conceito inovador, um método ou uma habilidade particular que os outros dominam menos. Para Bernard Nadoulek, trata-se de "uma receita limitada, mas eficaz, cuja fragilidade é ser logo determinada pelo adversário que, agindo em consequência disso, pode anular sua eficácia". No envolvimento, seu sucesso vem frequentemente de uma iniciativa repentina que pega de surpresa e culmina rapidamente na decisão. Atrasado ou, na melhor das hipóteses, em reação, o adversário se submete ao jogo. Em um duelo, onde o que está em jogo é a sobrevivência ou a morte, é praticamente impossível considerar o uso de *sen* de maneira ponderada, lenta e refletida. Todo o trabalho, o treinamento, situa-se na origem de modo que, na situação concreta, o sujeito não precise do tempo da reflexão e que o gesto surja espontaneamente. Isso também pode fazer diferença diante de um adversário temível, cuja lentidão é explorada, ou que tiver a "pura experiência"[28] menos afiada.

As técnicas *go-no-sen*, praticadas em reação a uma ofensiva adversária, são empregadas de preferência quando os protagonistas têm um nível igual ou quando o adversário é mais forte. Embora consistam em criar uma microzona de vazio ligeiramente além do ponto de impacto do golpe adversário, aumentando a distância, mas se mantendo fora de alcance sem se afastar demais, o outro é atraído a aproveitar essa oportunidade falsamente vantajosa. Não atingindo seu alvo, o adversário é levado por seu próprio movimento, que pode então ser conduzido. Isso equivale a ocupar o centro da interação e a guiar sua evolução devido à harmonia à que se serve! Essa estratégia deixa o campo temporariamente na expectativa do momento favorável e só assume as rédeas das operações em um segundo momento.

O sucesso dessa opção perigosa passa por uma capacidade de ação tão pertinente no ritmo quanto fulgurante em sua execução. Vencido na última Guerra Mundial, o Japão se concentrou no aperfeiçoamento das tecnologias inovadoras desenvolvidas pelos norte-americanos para ganhar vantagem no momento em que os vencedores de ontem haviam consumido a maior parte de seus recursos durante o processo de inovação. "O senso do ritmo que permite contra-atacar durante o desequilíbrio também permite acrescentar à força do ataque fracassado aquela do contra-ataque"[29]. *Go-no-sen* combina e adiciona os recursos conjuntos dos dois parceiros. Isso supõe um domínio em um contexto mais arriscado do que no caso das técnicas *sen*, pois é preciso contar com a ação efetiva do outro, lá onde *sen* pega de surpresa antes que o outro se movimente.

Enfim, as técnicas muito japonesas de *sen-no-sen*, ou de iniciativa *na* iniciativa, têm tanto pontos positivos quanto negativos. Elas consistem em inserir uma ação contrária dentro do próprio movimento do adversário. Associam simultaneamente intuição veloz, predição e movimento por meio de uma determinação inquebrantável. "Atravesse a corrente crítica nos momentos de crise, recomenda Miyamoto Musashi. Uma vez atravessada essa corrente, provoca-se o surgimento de pontos fracos no adversário, toma-se a iniciativa e alcança-se boa parte da vitória." A corrente crítica pode ser a trajetória do sabre adversário que se encontra uma fração de segundo antes, seja quando ele se arma, seja quando golpeia, mas isso supõe grande confiança, disponibilidade e agilidade. A ascensão de um sabre pode ser assimilada a uma inspiração, e sua descida, a uma expiração; ambas serão tanto mais breves e concentradas quanto maior a capacidade adversária. A meio caminho entre o armamento e o golpe, ocorre um instante intermediário em que a trajetória do sabre, totalmente determinada, não pode mais desviar. Nessa previsibilidade, situa-se o *caminho da vantagem*, ou seja, da manifestação de uma margem de manobra espacial bem fugaz. Ela consiste em desposar o movimento neste preciso instante e em tomar seu centro para conduzir sua energia, em *aikido*, para a dispersão (projeção) ou para a imobilização. Diante de um adversário, isso equivale "a entrar em seu ataque, chegando antes dele ao impacto por meio de uma técnica mais integrada e, portanto, mais justa e mais rápida"[30]. Isso requer uma capacidade de agir em ritmos mais breves ainda do que no caso de *go-no-sen*, no qual se prolonga o movimento adversário.

A execução de *sen-no-sen* na indústria japonesa se traduziu pela vontade de ultrapassar a qualquer preço seus concorrentes pelo lançamento acelerado de uma sucessão de produtos no mercado, como aconteceu com o automóvel; porém o risco de um uso imoderado de *sen-no-sen* é a perda de seu centro em razão de um envolvimento irrefletido e absoluto, além de sua própria razão de ser. Sem orientação e sem visão global, a mobilização extrema ou o fanatismo não têm resultado útil, a excelência das capacidades operacionais se inscreve no oposto da sabedoria política que emprega a estratégia pensando na duração. "Pode-se fazer tudo com baionetas, *Sire*, exceto sentar sobre elas", teria dito Talleyrand a Napoleão no auge de sua glória e sucessos militares. Em compensação, esse esquema se revela excelente quando é bem informado, esclarecido, dirigido e harmonizado dentro de uma meta estratégica global. *Sen-no-sen* é muito japonês porque ele representa o meio de abrir espaços utilizando o ritmo.

Nos anos de 1990, o conceito japonês de tecnoglobalismo representou uma tradução estratégica do *sen-no-sen*. Pressionado pelos ocidentais a abrir seu mercado e a assumir financeiramente sua responsabilidade de potência econômica no âmbito internacional, o Japão estava ameaçado por um tecnonacionalismo ocidental que teria prejudicado muito os intercâmbios científicos, tecnológicos e comerciais de que dependia sua saúde econômica. Anunciando publicamente, através de uma campanha publicitária mundial, a iniciativa do tecnoglobalismo a serviço do desenvolvimento econômico dos países mais pobres, da luta contra o flagelo da poluição e do desenvolvimento das biotecnologias, ele pegou de surpresa as potências ocidentais, colocando-as "frente a um dilema". Seguindo as recomendações do MITI[31], o governo japonês investiu maciça e financeiramente nos programas *Human Frontier Science* e *Fábrica do Futuro* visando a contribuir para um desenvolvimento da pesquisa científica e tecnológica internacional nas áreas envolvidas.

Tendo de responder a essa iniciativa, os ocidentais podiam *escolher* entre colocar seu potencial científico a serviço das finalidades nobres designadas pelo Japão ou se denunciar aos olhos dos países em desenvolvimento como potências hipócritas, recusando-se a harmonizar suas declarações generosas e seus atos[32]. Em contrapartida, uma prática irrefletida de *sen-no-sen* pode levar a uma aceleração suicida, como foi o caso da expansão militar nipônica fulgurante no último conflito mundial. A desconsideração de um princípio de moderação *política* capaz de garantir duração às conquistas transformou a eficácia da ação no oposto, incitando o adversário a se armar para se defender. Quanto mais o Japão acumulava vitórias táticas, mais vulnerável ficava sua situação estratégica. Isso lembra o teor do livro de Luttwak sobre "o paradoxo da estratégia"[33], segundo o qual, nessa área, o melhor é, geralmente, o inimigo do bem.

Sob a aparência calma, a vigilância constante

Embora, para Yukio Mishima, *só o invisível seja japonês*, isso não significa que o que não é japonês careça de importância, bem pelo contrário, e esse paradoxo não é de modo algum perturbador. Manifesta uma orientação de percepção que envolve simultaneamente a impermanência budista por detrás das aparências e a maior atenção às formas, à etiqueta e aos rituais. No Japão, diz-se que existem muitos caminhos para escalar o Monte Fuji, mas que todos convergem para o mesmo cume. É por isso que, no arquipélago, prefere-se ter alguns milhares de deuses, pois, como os homens são diferentes, cada um encontra o itinerário que lhe convém[34], sem impô-lo aos outros em nome de um pretensioso combate a serviço de uma verdade única. Não haveria nisso uma forma de liberdade? Em *A Tentação do Ocidente*, André Malraux faz seu interlocutor chinês Ling dizer, quando se dirige a seu correspondente ocidental: "Você se confunde com suas ações (...) Recém está compreendendo que, para ser, não é necessário agir e que o mundo o transforma bem mais do que você o transforma". Justapor sem excluir, apesar de contradições aparentes, não perturba muito, pois tudo não passa, em última instância, de uma questão de momento e de contexto. Os japoneses podem se casar na igreja, pois isso demonstra classe, repetir a cerimônia em um templo Shinto e celebrar um enterro de acordo com os ritos budistas sem que isso gere uma confusão de crenças...

"Adotar o sistema de pensamento europeu torna tudo incompreensível no Japão, onde se deve apreender as coisas de outra forma"[35]. Por trás das formas, das atitudes e das disposições, é a dinâmica da mudança que é sentida de maneira vital pelo samurai. Os japoneses mergulham na contemplação detalhada da variação dos tons e da evolução global das cores do outono, que preside à queda das folhas. Admira-se e festeja-se em grupo, com cerveja e saquê, a explosão primaveril das cerejeiras em flor que oferecem, em um fôlego brutal e sem economia, todo o poder de uma natureza no final do inverno. No cuidado extremo das formas e das aparências, o intemporal se revela sem desvalorizar, no entanto, essas manifestações temporárias, pois um não anda sem os outros. Nas ruas de Tóquio, os costumes mais tradicionais convivem sem nenhuma oposição com os mais *up to date* e com a última moda.

Através de variações incessantes, o Japão permanece o que ele é, instalado sobre um vulcão, amante dos prazeres, e se comunica com a essência das coisas no que parecem ser contradições para nós. No final das contas, tudo não passa de um único movimento apenas conta o *ki*, essa energia que circula e se transforma permanentemente. O samurai ou a empresa que percebe isso não se inquieta quanto ao futuro, pois ele é o presente! "Neste universo, cuja extensão é infinita, não há nada que não pertença ao princípio *ki*, que pode ser entendido como a energia cósmica. Quem pode portanto preexistir ao *ki*? Quem pode lhe pós-existir? Assim, o nada e a existência se fazem ambos igualmente de modo espontâneo. O vazio e o real também se fazem espontaneamente. Não há nem começo nem fim"³⁶.

> ### *Sensei*
>
> A caucasiana de nacionalidade mexicana dá sua primeira aula no grande anfiteatro de uma universidade japonesa de renome, onde foi convidada como professora-visitante a ensinar a língua de Cervantes e a cultura espanhola.
>
> Como ela podia prever, os estudantes são todos extremamente atentos e tomam notas. Nenhum ruído ou desordem. Então, ao final da aula, para verificar que seu ensino foi assimilado sem muitos problemas de compreensão, ela convida os alunos a lhe fazerem perguntas.
>
> Pânico imediato no anfiteatro! Como ousar fazer uma pergunta ao mestre, ao *sensei*, que veio de tão longe e no âmbito de um financiamento oficial e internacional, sem fazê-lo ficar desonrado, duvidando da qualidade de seu ensino? Cabe ao aprendiz, beneficiário do privilégio de aprender, compreender por si mesmo!

Notas

1. *Hagakuré*. Várias traduções disponíveis em língua francesa.
2. *Gorin-no-sho*, Albin Michel, 1983.
3. Para Mishima, a ideia de comunidade remete ao clã, a seu chefe, ao *daymyo* e à sua família. No código de honra do samurai (*budo*), aquele que perdia seu chefe (*daymyo*) não tinha mais razão de viver e devia proceder ao sacrifício supremo (*sepukku*). Embora se trate de uma visão extrema, não se pode negligenciar que ela constitui uma tela de fundo no que tange à participação comunitária, quer remeta a uma escola, a uma empresa, ao próprio país ou, então, a uma finalidade que ultrapassa os limites do próprio grupo, conforme veremos na segunda parte deste livro.
4. Como se verá no caso do *nemawashi*, ver p. 75
5. *Do* significa via, escola de aperfeiçoamento permanente. O *judô* é a via da flexibilidade, o *aikido*, a da harmonia... De modo geral, um *do* é um caminho que leva ao despertar.
6. B. Nadoulek, *op. cit*. Poderíamos relacionar isso ao texto de Antonio Machado em *Provérbios y cantares*: "... *caminante no hay camino, el camino se hace al andar...*".

7. No jargão da inteligência econômica, trata-se de "dados" situados entre o ruído e a informação. A capacidade e a velocidade para decidir se o sinal fraco retornará ao ruído ou evoluirá para a informação é estratégica e é objeto de métodos específicos.
8. M. Random, *Japon, la stratégie de l'invisible*, Éd. du Félin, 1989.
9. Centro vital situado, segundo os japoneses, dois dedos abaixo do umbigo. Encontraremos essa idéia de centro, de lugar essencial, no conceito de *ba*, que veremos detalhadamente no próximo capítulo.
10. Suicídio ritual.
11. Ikujiro Nonaka inspirou-se diretamente neste filósofo japonês da primeira metade do século XX para introduzir o conceito de *ba* em seu modelo da criação do saber.
12. Esse conceito de *koi-teki chokkan*, de intuição-ato, combina *koi*, que se pode traduzir por "intenção manifesta em um ato", e *chokkan*, que se pode traduzir por "instinto ou conhecimento intuitivo".
13. O caminho do arco e flecha.
14. *A Arte Cavalheiresca do Arqueiro Zen*. Pensamento, 2001.
15. Random, *op. cit*.
16. Herrigel, *op. cit*.
17. No relacional diário no Japão, isso se traduz por um uso imoderado de *hai* que, além de sim, significa: compreendi, é como se já estivesse feito, está integrado, de nada, bem-vindo, é claro, entre, queira, por favor, adeus... Trata-se, em outros termos, de um laço e de um ligante supremo a serviço do acordo, da harmonia e do fluxo.
18. Augustin Berque, citado por Hisayasu Nakagawa, *Introduction à la culture japonaise*, PUF, Paris, 2005.
19. Encontra-se essa oscilação relacional na capoeira brasileira, onde ao movimento de um dos protagonistas corresponde uma esquiva do outro, seguida imediatamente por um ataque, também esquivado...
20. Kitaro Nishida, artigo In *Stanford Encyclopedia of Philosophy*, citação traduzida pelo autor.
21. Random, *op. cit*.
22. Nadoulek, *op. cit*.
23. Fayard, Pierre. O Jogo da Interação: Informação e Comunicação em Estratégia. Caxias do Sul, EDUCS, 2000.
24. Nadoulek, *op. cit*.
25. Mais exatamente do besteiro, da besta e da seta.
26. Nadoulek.
27. Meimi Yang, entrevista com o autor. "A iniciativa na iniciativa adversária é boa pois ela dá espaço."
28. K. Nishida, *An Inquiry into the Good*, Yale University Press, 1990.
29. Nadoulek, *op. cit*.
30. Nadoulek, *op. cit*.

31. *Ministry of International Trade and Industry.* Esse organismo ministerial desempenhava o papel de um *daymyo* na definição das orientações de desenvolvimento estratégico do Japão, sobretudo publicando regularmente visões decenais que indicavam as direções a serem tomadas pela "Maison Japon Ltd".
32. A análise dessa estratégia, em referência a uma técnica de aikido (*irimi nage*) foi desenvolvida em 1994 por Fayard e Moinet, "Quand le réseau est stratégie: le cas du technoglobalisme japonais", *Échanges*, Institut français de gestion.
33. E. Luttwak, *Le Paradoxe de la stratégie*, Odile Jacob, Paris, 1989.
34. Entrevista do autor com o presidente Morita da *Knowledge Management Society of Japan.*
35. Nakagawa, *op. cit.*
36. Baïden Miura, *Propos inutiles*, citado em Nakagawa, *op. cit.*

2

O BA E O CONHECIMENTO COLABORATIVO

場

Ba is our world, where we live through our self-consciousness[1].
Kitaro Nishida.

O espaço físico me importa pouco. O que me interessa é o espaço enquanto campo. O campo é um espaço aberto pela presença de alguma coisa, por minha participação. Ele não é somente espaço nem somente objeto. O campo é um espaço-tempo. Ele é próximo do conceito de espaço-entre-dois[2] que se cria na relação com aquele que o percebe.
Lee Ufan[3]

"Um espaço compartilhado em movimento"[4]

O conceito de *ba*, introduzido no jargão do *knowledge management* por Ikujiro Nonaka e Noboru Konno, desempenha um papel fundamental no caminho japonês da criação do conhecimento. Embora tenda a se generalizar como referência nos meios profissionais do KM[5], sua compreensão é dificultada na medida em que ele se enraíza em um húmus cultural recalcitrante a uma abordagem cartesiana. *Ba* é um ideograma *kanji*[6] cuja parte esquerda 土 significa literalmente terra, superfície ou espaço suscetível de se revelar fértil ou estéril. Já a parte direita 易 pode ser assimilada ao conceito de *adivinhação*, mas não no sentido das religiões monoteístas, onde o futuro estaria como que escrito e seria irremediável, independentemente da vontade e da ação presente dos homens. Na filosofia do *yin* e do *yang*, a realidade é submetida a uma transformação permanente como "uma sucessão de acontecimentos cujo fluxo não tem fim"[7]. Quando consultado, o I Ching[8] mostra a fotografia, digamos, energética de uma situação entendida como logicamente carregada de consequências na medida, e somente na medida, em que nada é feito para corrigir seu curso. A evolução é previsível, mas pode ser alterada em função das decisões e ações dos sujeitos envolvidos. Aqui, a adivinhação não incide sobre um futuro que existiria enquanto tal, ontologicamente apartado e isolado do presente.

No modelo da criação do saber de Ikujiro Nonaka, o *kanji ba* associa, de um lado, o potencial específico de um ambiente (parte esquerda) e, de outro, um motor, um movimento (parte direita). Esse "espaço compartilhado em movimento" é qualificado por Nonaka como bom quando o relacional aí desenvolvido gera uma energia proveitosa, fonte de interações dinâmicas e criativas. Ele se assimila, então, a um meio que provoca uma transformação qualitativa positiva naqueles que investem nele. Um *ba* não se resume a um lugar ou a um tecido de relações orientadas, mas constitui também um momento durante o qual se vive um processo de mutação e de afloração de sentido. Para o filósofo Kitaro Nishida, ele designa um espaço físico onde reside um poder oculto, uma força vital. Memorizável, está aberto a uma continuidade de relação que remete ao clima particular desse espaço-tempo compartilhado.

O *ba*, uma consciência compartilhada

O *ba* se manifesta como a consciência coletiva dos indivíduos que compõem uma comunidade de interações. Para Kitaro Nishida, o real não existe fora da consciência. "O que qualificamos de tempo, de espaço e de forças físicas são simplesmente conceitos estabelecidos para organizar os fatos e explicá-los." Ikujiro Nonaka define o *ba* como um "espaço compartilhado de relações emergentes [...] que pode ser físico (o escritório ou locais dispersos de trabalho), mental (as experiências compartilhadas, as ideias, os ideais) ou qualquer combinação de ambos. [...] O que diferencia o *ba* das interações humanas comuns é o conceito de criação de conhecimento. O *ba* fornece uma plataforma que, em uma perspectiva transcendente, integra a informação [...] ele é um contexto carregado de sentido"[9]. A troca de dados, de informações e de opiniões, a mobilização e a colaboração em torno de um projeto para enfrentar o desconhecido e a necessidade traduzem o *ba* na empresa ou, mais geralmente, na organização.

O *ba* comporta uma espécie de indeterminação orientada e aberta, tacitamente vivenciada como um círculo de conivência animado por uma intenção vital de conhecimento. Ele não se decreta, não se impõe, pois requer uma adesão voluntária. Não se constrói a partir do *command and control*, próprio à gestão piramidal tradicional; procede, antes, de um *energize and stimulate*[10] desenvolvido em um clima de atenção e de respeito mútuo. É fundamentalmente subjetivo e relacional. Investe-se nele quando se impõe a predominância de um interesse comum, quando as relações humanas não são objeto de confrontos, mas se focam na criação de conhecimento. Compreende-se o quanto esta abordagem japonesa da gestão do conhecimento difere daquela essencialmente fundada no uso da memorização informática e das tecnologias da informação (*IT oriented*).

Contrariamente a uma concepção cartesiana do saber, que insiste em sua natureza absoluta, o processo de criação de conhecimento, tal como encontrado em Nonaka, é relativo, pois depende da especificidade dos contextos, das partes envolvidas e dos objetivos perseguidos. Por essa razão, pode-se qualificá-lo de operacional, até mesmo de estratégico. O *ba* se manifesta como um esforço compartilhado em uma frente de conhecimento onde questões e saberes tácitos, invisíveis e não formulados se transformam em conhecimentos explícitos, formuláveis e disponíveis para uma comunidade considerada. Ele é como o atanor[11], onde sinais fracos se convertem em clarões que iluminam a ação. Esses espaços orientados não conhecem outras fronteiras e limites além daqueles da não-participação a seu projeto. Fluido e vivaz na intersubjetividade, modifica-se em função da qualidade daqueles que o animam e são animados por ele. Ele encarna um espaço existencial, o lugar e o momento em que o indivíduo se transcende no âmbito de uma experiência física que mobiliza todas suas capacidades em sua relação com os outros e com o meio. As pessoas formam o *ba* das equipes que constituem, por sua vez, o *ba* da organização. A interação sistematizada com os consumidores e com os usuários dos serviços de uma empresa constitui um *ba* abrangente.

A coerência de um *ba* nasce das interações internas com vistas a uma produção de conhecimento, ela não resulta da concentração mecânica de recursos ou de injunções centralizadas. Ikujiro Nonaka evoca um *higher self*, um além de si mesmo, constituído a partir do envolvimento voluntário de cada um. A auto-organização aumenta o investimento dos indivíduos, criando uma espécie de caos fértil, qualitativamente distinto da desordem por ser tanto intencional quanto vital para a sobrevivência do grupo. Aprender a desaprender, ficar confiante para experimentar, combinar e gerar hipóteses, tudo isso faz parte do que permite o "*good ba*", segundo Nonaka. Nele, o egoísmo interno é banido em proveito de uma atmosfera altruísta, onde a improvisação faz parte da revelação e da socialização do saber tácito. Aqui, o conhecimento não é externo ou a ser conquistado fora dos indivíduos, quer pertençam ou não à organização, mas a partir deles mesmos! Essa abordagem do KM baseia-se prioritariamente nos recursos humanos, e cabe aos administradores japoneses criar as condições da adesão voluntária de cada um.

A prática do *ba* pode se traduzir por múltiplas formas. Durante uma volta em uma loja, os *sinais fracos* percebidos, potencialmente indicadores de comportamento dos clientes, são sistematizados, confrontados e enriquecidos por associação a informações e conhecimentos explícitos e disponíveis: hipóteses sobre os mercados, sobre as tendências de compra ou ainda previsões do futuro. A noção de harmonia é uma chave para compreender o *ba*. Ela se traduz em uma disponibilidade à partilha sem preconceitos, em uma presença e uma receptividade a tudo o que se passa num ambiente em um dado momento. Para viver essa harmonia, que não é imobilidade, o conjunto das capacidades do indivíduo é mobilizado e, acima de tudo, a sensibilidade que confere a rapidez suficiente, até mesmo a instantaneidade, à percepção. A exemplo do *budo*, o processo intelectual mostra-se lento demais para ser bastante operacional. O *ba* é o que permite a observadores-participantes atentos[12] tomarem as decisões necessárias, por exemplo, em termos de abastecimento, de ritmos, de modos de apresentação... O *ba* é *imprecisamente orientado*, de modo a favorecer o surgimento coletivo de novos conhecimentos a partir da participação de indivíduos confiantes. As relações dentro de um *ba* continuam evoluindo de maneira flexível e aberta.

"Elementar, meu caro Watson!"

Para dar conta da diferença e da complementaridade que existe entre uma sensibilidade aos sinais fracos e um raciocínio frio e racional, Noboru Konno[13] faz referência ao *ba* constituído pela dupla Sherlock Holmes e Dr. Watson durante suas investigações. A sensibilidade de Holmes remete a um *savoir-faire* tácito e a uma receptividade sem preconceitos, enquanto o raciocínio de Watson se funda em um conhecimento explícito. Ente sensível e perspicaz, o primeiro capta e processa sinais fracos, que combina e torna significantes porque é criativo e procede por indução, ao contrário de seu cúmplice dedutivo, o Dr. Watson. É por essa razão que este só descobre posteriormente e racionaliza, tal como um historiador, o que Holmes lhe apresenta como "elementar, meu caro Watson!" Essas duas maneiras de agir não são antagônicas, mas complementares, pois as pressuposições e os conhecimentos de Watson orientam a percepção de Holmes, até mesmo induzem essa sensibilidade que o leva à identificação dos sinais pertinentes. Não existe nem ruptura nem impermeabilidade entre essas duas formas complementares de conhecimento. Watson não tem nada do bobo que só compreende depois e Holmes o genial intuitivo que capta e esclarece!

O conhecimento e a compreensão do Dr. Watson constituem o pano de fundo, as competências e saberes prévios, explícitos e acessíveis aos quais se articulam de maneira criativa um saber tácito, um senso curioso de observação e uma disponibilidade animada pela vontade irredutível de fazer a verdade surgir! Em cada investigação, a dupla Holmes e Watson cria uma verdadeira *comunidade estratégica de conhecimento* voltada para a solução do enigma policial. Para isso, eles convocam os atores que julgam envolvidos e todos os indicadores disponíveis capazes de auxiliá-los em sua progressão para o objetivo comum e, juntos, realizam sua missão de detetives. Essa *comunidade* orquestrada por Holmes e Watson é voltada *estrategicamente* para uma produção de *conhecimento* que deve substituir o não-sabido e resolver o enigma. Como um *ba*, tal comunidade estratégica tem a função de esclarecer o presente e o futuro. Essa denominação recobre o conceito de *ba* em língua ocidental.

Para dar conta da dimensão filosófica do *ba*, Noboru Konno cita o filme *Dersu Uzala*, do cineasta japonês Akira Kurosawa, cuja figura central é um caçador que vive sozinho nos confins da Sibéria oriental. Da sensibilidade de Dersu aos pequenos sinais que provêm de seu meio, assim como de sua harmonia com as condições e com as circunstâncias, resulta que ele faz corpo com o *Grande Projeto* da natureza, a ponto de esquecer sua própria existência e, sobretudo, de não se apartar do conjunto. Para Kitaro Nishida, "o sujeito e o objeto não existem separadamente, pois são os dois lados de uma realidade única". Dersu Uzala e a natureza encontram-se unidos por uma relação vital. Dersu fala e se comunica com esse ambiente do qual não se sente nem separado nem desligado, como uma entidade isolada e autossuficiente. Se tiver de morrer, ele morrerá, adequando-se, assim, à exigência das condições do ambiente. Em contrapartida, enquanto lhe restar um pingo de energia, continuará ativo sem se distinguir do que o cerca e do que participa.

"O samurai experiente não pensa nem na vitória nem na derrota, ele se contenta em combater como um louco até a morte"[14], mas nem por isso se opõe à natureza! Dersu Uzala não força os acontecimentos, ele se funde no todo e encontra as melhores soluções em função dos pares ações-reações dentro de um meio abrangente e evolutivo (*ba*). "É preciso tornar nosso espírito semelhante à água, que assume a forma dos recipientes que a contêm", escrevia Musashi. Caminhando, Dersu Uzala recebe e dialoga com a reação do chão, não imerge nele, pois o chão faz parte de seu movimento em uma unidade de interdependência complementar[15]. Esse comportamento ambiental e relacional se funda na comunidade que ele compartilha. Dersu Uzala nunca está só ou apartado do mundo, tal como um personagem que age de fora sobre uma dada situação. A energia que anima a natureza é a mesma que o percorre e o faz viver em um *ba* situado em sua consciência presente, na articulação do passado e do futuro imediato. Não é ele quem quer, mas a comunidade que ele forma com a natureza. Como não sonhar com a aplicação desse princípio às atividades econômicas?

Em um registro semelhante, o filme *Bêbado de Mulheres e de Pintura*[16], do sul-coreano Im Kwon-Taek, que retoma episódios da vida do pintor "Ohwon" Jang Seung-Up, aborda essa relação íntima que une os seres para além das formas e das existências particulares. Ao longo das diferentes cenas do filme, o artista Ohwon se impregna da energia presente nas vagas de um rio, da agitação de uma folhagem, de uma nuvem de pássaros, do surdo manto de neve de uma paisagem... até o momento em que escolhe desaparecer, fundindo-se no braseiro do forno de um ceramista onde cozinham suas próprias obras! Quase não há diferença entre sua arte e o trabalho da natureza. O sucesso de suas realizações artísticas é manifesto quando retraçam ou expressam o fluxo das transformações. Em outras palavras, é por convergir para elas que ele consegue fazê-las transparecer como um eco em suas realizações.

O vinho e a paixão amorosa representam a maneira de dissolver os limites da individualidade do pintor, de torná-los porosos para que ele desenvolva um nível de sensibilidade e de consciência (*higher self*) que lhe possibilite uma comunhão íntima com essa realidade superior. Sua criatividade repousa nessa aptidão para fazer corpo com os ambientes que percorre, vibrando com as forças que o subentendem e que o animam. Expondo-se às energias da natureza, Ohwon busca despertar modalidades idênticas em si mesmo para depois traduzi-las no papel. Isso constitui a essência de seu trabalho; assim, o artista não age por vontade própria, mas de acordo com um contexto de que é parte integrante e ativa. Ele não impõe seu olhar, mas deixa transparecer o efeito da natureza, como as carpas douradas do açude, citadas anteriormente.

Construir uma finalidade comum

Mantendo-se em sintonia com o mercado, a ponto de não se apartar dele considerando-se algo externo, a empresa atende suas necessidades. Quando se distancia, ao contrário, ela perde o benefício do estímulo e da inteligência que vêm dele, e sua capacidade de relação fica reduzida. Parafraseando Mao Tse-Tung[17], seria como caminhar com uma única perna e considerar *apenas* os meios da empresa para se instalar em uma relação sujeito-objeto, míssil-alvo, e não, na perspectiva abrangente e participativa anteriormente ressaltada. Uma relativa indiferenciação das fronteiras, em contrapartida, até mesmo o estabelecimento de um *ba* permite ficar disponível de modo flexível e orientado em relação aos sinais suscetíveis de se transformarem em informação, depois em conhecimento[18], no "forno" comunitário do *ba*.

A atitude e as disposições dos atores pesam muito na natureza das *reações* do ambiente. Quando se cria algo, contribui-se energicamente para sua existência, e a consciência do entorno diminui sob o efeito dessa focalização. É por essa razão que, à margem de um esforço orientado de vigilância, da precisão racional e das bases de dados, o espaço da indiferenciação e da sensibilidade evita limitar-se à percepção das possibilidades. "Ter uma ideia já significa fazer uma escolha, tomar um partido e, portanto, deixar à sombra uma parte da realidade: desenvolver um pensamento parcial e, por conseguinte, partidário [...] O sábio não tem regras, princípios, está pronto a fazer tanto um quanto outro conforme o momento. Tem uma capacidade de oportunismo sensato e faz o que a situação exige"[19]. Para Noboru Konno, o mesmo acontece com o fracasso, para o qual se pende de tanto pensar a ponto de não ter nem entrever outro horizonte! "O ambiente só é infernal quando o inferno está em você, que faz então parte dele"[20]. A escolha de uma atitude disponível, aberta e sem preconceitos integra-se às condições de uma receptividade rica.

Como o ciclo das transformações não tem fim, o tempo não pode ser estancado, tampouco a água do rio, na mão que tenta em vão segurá-la! O mesmo se dá com a informação cujo valor estratégico se encontra mais no fluxo que segue *em evolução* do que no estanque. "Guardando-a, você se envenena como um câncer que se desenvolve. Não se deve matar a si próprio conservando a informação"[21]. Não somente é vão pretender retê-la, impedi-la de escoar e de permutar, mas isso também equivale objetivamente a se condenar a uma percepção limitada. "Uma xícara não vazia não pode ser preenchida", diz o provérbio zen. A comunicação alimenta a informação, e sua degradação repousa em sua ausência de circulação. O *ba* rompe com uma ideia de criação de conhecimento avulsa, descontextualizada, individual, autônoma e que desconsidera as interações humanas. Trata-se, ao contrário, de um processo dinâmico e comunicativo que ultrapassa os limites do indivíduo, ou da empresa, e que se concretiza através de uma plataforma onde se utiliza uma mesma linguagem a serviço de objetivos comunitários.

Esse espaço compartilhado, instituído em uma *frente de conhecimento útil,* funciona a partir de recursos humanos que as tecnologias da informação e da comunicação estendem e otimizam. Fluido e sem fronteiras, o *ba* se modifica em função dos participantes, não se apega exclusivamente à história e aos contornos espaciais de uma organização, pois é governado pela noção de *projeto*. "A sociedade informacional é uma forma de organização onde a criação, o processamento e a transmissão da informação se tornam as fontes da produtividade e do saber através da aplicação das tecnologias da informação e da comunicação à criação, ao processamento e à transmissão da informação em anéis de retroação cumulativos"[22].

As comunidades de conhecimento podem ser assimiladas a meio ambientes no sentido biológico ou geográfico de conjunto que reúne objetos e seres diferentes em torno de uma razão comum externa da qual fazem parte. Um modo de funcionamento como este tende a estender, até mesmo a dissolver, os limites físicos da organização em proveito de projetos colaborativos para os quais convergem outros atores, competências e fontes de informação com vistas a uma criação de conhecimento operacional. Para uma organização, esta porosidade dinâmica é uma condição de agilidade estratégica no "mundo imprevisível e altamente competitivo"[23] da sociedade do conhecimento. Consequentemente, a dimensão temporal e o ritmo sobrepujam um funcionamento espacial *lento* em termos de fluxo e de processamento; além disso, *limitado* em termos de mobilização dos recursos internos disponíveis. A segmentação dos espaços e seu fechamento levam a um enclausuramento nos valores de uma gestão local especializada: de pesquisa, de marketing, de administração dos estoques, de atendimento, etc., em detrimento de uma missão global, que também poderia ser qualificada de social ou cidadã, que faz sentido e alimenta uma dinâmica de troca criativa.

Esse princípio comunitário ultrapassa a organização e polariza energias em uma atmosfera de questionamento, vivenciada como uma tensão de conhecimento. Essa comunidade é estratégica por se estruturar e articular a partir de um projeto, de uma finalidade superior e integrante. Os princípios-chave da estratégia, ou seja, a busca da *liberdade de ação*[24] e a otimização dos recursos disponíveis pelo princípio de *economia*[25] são plenamente aplicáveis nesta situação. Os ganhos se traduzem tanto em nível local quanto global devido à colaboração dos atores. Na sociedade informacional aberta onde, segundo os termos de Manuel Castells, a informação é simultaneamente a matéria-prima, o agente de transformação e o produto final, o conceito japonês de *ba* tem o mérito e a vantagem de designar condições humanas, organizacionais e relacionais em que as tecnologias da informação e da comunicação se inserem de modo dinâmico.

Um *dojo* para a empresa

O uso operacional do conceito de *ba* ultrapassa o círculo da empresa, pois ele a abre para os mercados, os consumidores, os franqueados e até mesmo para os concorrentes, em uma lógica de compartilhamento de questões com vistas à produção dos conhecimentos que trazem soluções. Numa provocação, o presidente fundador do grupo japonês Kao declarou que a verdadeira finalidade da empresa não é gerar lucro, aumentar suas fatias de mercado e até mesmo eliminar seus concorrentes, mas criar conhecimento que traga felicidade e satisfação ao consumidor por intermédio de produtos e de serviços que ela contribui para criar. Hipocrisia ou meia verdade? A empresa que tem condições de produzir conhecimentos operacionais sobre o que convém otimizar ou criar, do modo mais rápido e pertinente possível, dispõe de um trunfo estratégico maior sobre todos seus concorrentes. Nesse sentido, "a felicidade e a satisfação do consumidor", metas da empresa, são acompanhadas de fato pela geração de lucros, por fatias maiores no mercado e por uma posição vantajosa na competição. A eficácia econômica é uma consequência da realização da finalidade superior de produção de conhecimento! Por trás dessa provocação do presidente-criador de Kao, entrevê-se que, no Japão, a empresa pode ser mais do que uma necessidade econômica ou uma fonte de lucro, podendo também constituir um *dojo*, uma via de aperfeiçoamento. A sanção do mercado é o equivalente do sabre que atinge o samurai em erro porque rompeu a harmonia com o ambiente, não soube decifrá-lo e não se adaptou a ele.

Pela criação de *ba* com parceiros externos à empresa, inclusive os próprios consumidores, a empresa contribui para a geração de conhecimento sobre o contexto de utilização de seus produtos e serviços e sobre o que cria sua necessidade nos mercados. Filosofia e tecnologias da interação se unem a serviço desse movimento colaborativo que torna permeáveis as fronteiras da organização. A fim de que o contato com o ambiente seja o mais estreito, rápido e direto possível, a criação do conhecimento procede por composição estratégica[26]. Ela se situa onde nascem as questões, nas condições mesmas do campo onde emergem as necessidades, ou seja, no *yin*[27] dos mercados. Processando os pequenos sinais que vêm dos clientes, a empresa participa e acompanha a formulação da demanda e, simultaneamente, proporciona o serviço ou o produto cujas características emergem da interação informacional. Esse contexto é um *do* no sentido de via de aperfeiçoamento, onde a ausência de viscosidade em relação às realidades e às evoluções do mercado constitui a garantia de sucesso e a consagração de uma atitude justa. O *ba* se torna o *dojo* da empresa, onde ela aprende o caminho, fundando uma nova aliança em que a criação do conhecimento se torna uma finalidade que leva à eficácia econômica.

A globalização não conhece limites, assim como as interações informacionais para fins de conhecimento. Internamente, o *ba* favorece a porosidade entre os serviços e departamentos da organização; o mesmo acontece externamente. *Ba* são suscitados com parceiros, até mesmo com concorrentes, a fim de contribuir para o *dojo* da empresa. No Japão antigo, os grandes mestres de diferentes artes marciais costumavam se enfrentar para testar sua arte, expondo-se ao julgamento da realidade. A sociedade da informação gera novas concepções que contaminam os modos organizacionais tradicionais das administrações, das coletividades locais, das escolas e das universidades. A geografia de um Japão sem espaço nem riquezas naturais e que, historicamente, investe em sua cultura e em seus recursos humanos encontra aqui um *espaço natural* de reorganização. Ainda que a globalização das trocas seja um fato objetivo, que os desafios do conhecimento e de seu compartilhamento sejam reais e que as *tecnologias da interação* sejam as mesmas para todos em termos de potenciais, a dimensão cultural é fonte de adaptação original, e este é o caso do Japão.

Lost in Shinjuku

O caucasiano está muito feliz por se encontrar pela primeira vez na vida no arquipélago. Que prazer essa descoberta! Os japoneses são realmente gentis e afáveis, sempre prontos a ajudar os estrangeiros, pensa consigo. Prova disso: se há uma estação de metrô onde é fácil se perder em Tóquio é, sem dúvida, a de Shinjuku, devido a seus corredores intermináveis, à quantidade de viajantes, à sua complexidade e às correspondências tão numerosas que até os japoneses se perdem. O caucasiano se entusiasma e, é claro, se perde!

Plantado na saída de uma escada, abre bem o mapa para tentar se achar, no meio de uma multidão que vai e vem com rapidez e precisão. "Quase imediatamente," conta, "um japonês veio em meu auxílio". Não somente se deu ao trabalho de explicar onde ele estava e como fazia para ir aonde queria, mas o acompanha até o início do caminho para ter certeza de que ele estava na direção certa. "Ah, eles são realmente simpáticos, esses japoneses!"

O que o caucasiano ignora e que nenhum nipônico dirá para não deixá-lo sem graça é que, com seu mapa aberto na saída da escada, sua pequena figura ali destoa atrapalha a todos, sem que ele tenha consciência disso! Para restabelecer a harmonia e a fluidez dos fluxos do conjunto, alguém precisava se envolver para que a perturbação fosse eliminada.

Notas

1. O *ba* é nosso mundo, através do qual vivemos por nossa consciência pessoal.
2. "Ma" em japonês.
3. *Un Art de la Rencontre*, Actes Sud, Paris, 2000.
4. *A shared space, context and meaning in motion*, citação de Nonaka.
5. *Knowledge Management* ou gestão do conhecimento.
6. Provenientes da China, os *kanji* são os ideogramas mias "conceituais" utilizados pelos japoneses.
7. Nishida.
8. I-Ching: O Livro das Mutações. São Paulo, Pensamento, 2000.
9. Ikujiro Nonaka, 1998, citação traduzida pelo autor.
10. Kazue Kikawada, *Knowledge Dynamic Iniciative* (ver Parte II).
11. Forno dos alquimistas da Idade Média.
12. Essa noção de *observador-participante atento* remete não somente à figura do samurai, mas também aos participantes de uma cerimônia do chá, onde a presença total *aqui e agora* revela a harmonia com o universo.
13. Entrevista com o autor, fevereiro de 2002.
14. Mishima, *op. cit.*
15. Noboru Konno aplica também essa imagem à relação de uma empresa com seu mercado.
16. Cujo título original é *Chihwaseon* (2001).
17. Que retoma nisso a teoria das duas forças de Sun Tzu, *op. cit.*
18. Os dados têm um caráter objetivo e mensurável; quando selecionados em função de uma intenção, transformam-se em informação, mas são a experiência e o contexto que fazem deles conhecença (e co-nascença). Sobre essa diferença qualitativa entre dados, informação e conhecimento, ver T. Davenport and L. Prusak, *Information Ecology*, Oxford University Press, 1997.
19. Entrevista com François Jullien acerca de Confúcio, *Sciences Humaines*, n° 125.
20. Conversa com o autor.
21. Conversa com o autor.
22. Castells, M. *A Sociedade em Rede*. São Paulo, Paz e Terra, 1999.
23. J. Boyd In: David Fadok, *La Paralysie stratégique par la puissance aérienne*.
24. Para Beauffre, ela representa a possibilidade de agir como se quer, de acordo com a própria vontade e apesar do inimigo. Para Fayard (2000), ela é uma medida de independência em relação à força de coerção e dos outros.
25. Ele consiste em tirar o máximo de proveito dos recursos disponíveis gastando-os o menos possível para aumentar as dimensões de sua ação; trata-se de uma medida de *otimização* dos meios.
26. Por composição estratégica deve-se entender a articulação, a serviço de um projeto abrangente, das estratégias de vários atores que, atendendo a suas finalidades, atendem também àquela do projeto global.
27. Não manifesto, não formulado, em fase de acumulação e de evolução.

3

O *Kata* e a Criação de Conhecimento

型

Com raras exceções, o sentimento religioso se expressa no Japão por rituais que se inscrevem na vida social do indivíduo.
Hisayasu Nakawaga

Enquanto o monoteísmo é agressivo, um dos traços particulares do politeísmo consiste em tomar algo de modo mais profundo e sublimar uma técnica em uma filosofia.
Matsutaro Morita[1]

Rotinas criativas?

Ao longo de sua história, o arquipélago nipônico sempre deu ênfase à busca e ao tratamento coletivo da informação para enriquecer seus conhecimentos e garantir seu desenvolvimento. Essa busca originou a reforma *Meiji* no final do século XIX, preocupada em importar e adaptar os melhores modelos do Ocidente para se modernizar rapidamente e encontrar seu lugar no cenário internacional. Essa maneira de agir, que poderia ser assimilada, em uma avaliação apressada, a uma reprodução simplista, enraíza-se na tradição do *kata*, no qual Ikujiro Nonaka se inspirou para falar das *rotinas criativas* favoráveis ao surgimento de novos conhecimentos. Seja por meio da arte do *sommelier*, do cozinheiro ou do pastiche dos jovens de Tóquio, no domingo, na entrada do *Yoyogi Park*[2], a imitação é a maneira de entrar na psicologia, na razão profunda de uma celebridade, de um método ou de uma técnica e, ao mesmo tempo, transformar-se sob seu efeito.

Por mais surpreendente que possa parecer, o *kata* é um caminho rumo à essência e não poderia ser assimilado a uma sequência automática executada sem concentração ou inconscientemente, bem pelo contrário. Ele passa por um investimento intenso e por uma precisão exigente, sem se resumir a uma colagem vulgar. "A forma é o fundo que retorna à superfície", escrevia Victor Hugo; aqui o caminho é inverso, e a execução mais atenta e cuidadosa leva ao fundo. No entanto, invocar o *kata*, ou as *rotinas criativas*, a serviço da criação de conhecimento não deixa de surpreender nas sociedades europeias. Como poderia uma rotina, entendida no Ocidente como uma sequência mecânica impessoal, revelar-se criativa, ao passo que ela é precisamente o meio de não se envolver e de se preservar de uma tarefa repetitiva incontornável?

No Ocidente, o *kata* é conhecido principalmente por intermédio das artes marciais. No caratê, designa uma sequência de movimentos e de golpes codificados ao máximo, que os adeptos reproduzem seguindo escrupulosamente uma sucessão inalterável. Nesses blocos de protocolo técnico, os mestres japoneses concentraram um ensino que permite aos praticantes avançarem por si mesmos no caminho, (*do*) de modo rápido e eficaz, e se aperfeiçoarem. De fora, pode parecer divertido, até mesmo ridículo, embora se deva ver nisso um processo de aprendizagem fundado na mais exigente das simplicidades e sem qualquer elemento inútil. Reduzido ao essencial, o *kata* é um ritual despojado e austero de progressão para o essencial. Essa forma de ensino não tem palavras, faz-se de *hara* a *hara*, do centro vital do mestre que o executa ao do aprendiz que o reproduz rigorosamente, sem discussão. Em outros contextos, fala-se de *kata* para qualificar o estilo de uma pessoa, seu modo de ser e agir, o que a resume sem reduzi-la. No Japão, uma rotina não poderia ser instalada sem o envolvimento pleno e total daquele que se dedica a ela. O budismo zen, que impregna a cultura japonesa, insiste particularmente nessa injunção aplicável a todos os atos da vida cotidiana, de modo que a mão, o coração e a mente jamais sejam polarizados por preocupações ou direções diferentes. Essa exigência da concentração *hic et nunc*, aqui e agora, traduz-se pela intensidade da participação.

Quando um ocidental recém-desembarcado no Japão desconsidera, até mesmo zomba, da ritualização excessiva das relações e dos modos de funcionamento, ele esquece, de um lado, que *só o invisível é japonês*, ou seja, que o essencial se situa na alquimia interna ao indivíduo e, de outro, que do *kata* emerge uma consciência superior. O Japão é um país mais de imanência do que de transcendência. Nele se considera que a verdade, assim como o conhecimento, não provém de uma causa, de uma fonte ou de uma instância externa à qual seria possível se voltar para saber. Tudo nasce do indivíduo, e o conhecimento e a expansão da consciência resultam do trabalho sobre si mesmo. Trata-se de uma concepção muito particular do ensino, drasticamente econômica em palavras. As demonstrações externas são apenas pretextos ou exortações para o aprendiz e não revelam uma verdade ou luz qualquer. Elas constituem, antes, uma forma de imposição e de despojamento, uma incitação a fazer brotar o essencial do interior, por definição invisível, e que só pode ser sentido. Dentro desse espírito, uma técnica, um ritual codificado se tornam suportes de progressão em um *do*, e isso define a função do *kata*.

Em alguns *do*, como o caratê, o *iaido*[3] ou a cerimônia do chá, os *kata*, reproduzidos pelos mestres, transmitem estilos e *métodos de conhecimento* através de uma sucessão de figuras, gestos e atitudes a serem reproduzidos sem enfeite nem variação. De tanto praticar, o aprendiz se encontra em condições de revelar e manifestar, enquanto a integra, a essência do movimento, que se situa bem além da técnica. Pela repetição, o corpo se educa e o adepto se forma, conectando-se ao *ba* intemporal de sua escola. Essa forma meditativa por meio da ação supõe não somente um silêncio mental, uma ausência de pensamentos que distraiam, mas também uma concentração total. Executando o *kata*, o aprendiz segue os passos de seu mestre (*sensei*), vivo ou morto, e a distinção entre passado e presente desaparece. O *kata* é tudo, salvo um empobrecimento ou um assujeitamento sem originalidade, é um caminho de liberdade e de eficácia. O saber-ser se torna indissociável do *savoir-faire*, e é por meio do segundo que o primeiro é alcançado.

Descompactação cultural

Quando um internauta baixa um programa, este vem compactado e concentrado para ser transferido rapidamente. Para usá-lo, é necessário descompactá-lo, *desdobrar* seus componentes, de modo que o programa execute suas tarefas específicas articulando-se aos outros componentes instalados no disco rígido do computador. O mesmo acontece com as formas e os conceitos provenientes de outras culturas. Se uma rotina pode ser criativa no Japão ainda que seja vista como embotante no Ocidente, é preciso se interrogar sobre a importação sem *descompactação cultural* dos modelos de Ikujiro Nonaka em matéria de gestão do conhecimento! Conforme forem as parcelas respectivas de tácito, de não dito e de relacional em relação ao explícito e ao contratual em organizações de culturas diferentes, métodos similares não darão resultados idênticos; em certos casos, não darão resultado nenhum ou, na pior das hipóteses, se revelarão contraproducentes! Foi o que nos levou a considerar a cultura estratégica do Japão *antes* de investigar sua maneira particular de conceber e de implantar seus princípios de criação do conhecimento nas organizações.

O comércio intercultural é cheio de espelhos em *trompe-l'oeil*[4], e palavras tão simples quanto *sim* ou *não* não têm o mesmo significado. Nos Estados Unidos, *sim* quer dizer *sim* e *não* quer dizer *não*, quase sem equívoco, enquanto em outros países seus valores flutuam, e a interpretação depende dos contextos de uso, do desenrolar das circunstâncias... Instados a se envolverem na hora em uma proposta, os japoneses sentem um desconforto real, pois a palavra *sim* não pode ser dita de modo leviano porque compromete totalmente o indivíduo ou o grupo envolvido. Antes de responder, lhes é indispensável saber se será possível ou não honrar sua palavra e se todas as pessoas envolvidas se comprometerão também. O *nemawashi* indica um processo de tomada de decisão, lento e progressivo, o qual permite que cada um dentro de uma organização consulte discretamente suas redes e pessoas de confiança antes de manifestar ou não sua adesão. Quando o conjunto do grupo, isto é, todos aqueles que o compõem, converge para uma posição comum, esta é aplicada imediatamente. A decisão leva tempo, mas, uma vez tomada, não há mais lugar para posturas retardantes, e a execução tem de ser imediata. Esse lento processo inicial poupa as suscetibilidades e evita a perda de prestígio de qualquer um dos envolvidos. É evidente que todo pedido abrupto e intempestivo causa uma perturbação considerável no arquipélago nipônico.

Ao contrário do Japão, a jovem história dos Estados Unidos foi construída a partir da ação individual, voluntária e determinada, do contrato explícito, de uma dimensão objetiva dos fatos, dos prazos e das relações. Na terra do Tio Sam, *what you see is what you get* (o que você vê é o que você tem). Não se vai procurar chifre em cabeça de cavalo por meio de uma variação possível em função da interpretação, do respeito às conveniências ou porque ainda é um pouco cedo para saber exatamente... A leitura é evidente e a sensibilidade é pouco solicitada para decodificar eventuais sinais carregados de sentidos, tênues e pouco visíveis. No Japão, quando se espera ver explicitamente o que se terá (*see what you get*), corre-se o risco de esperar muito, muito tempo. Quando a promessa é evidente e não existe distância entre o significante e o significado, não é necessária uma receptividade particular para decodificar a situação e mergulhar além das aparências. Nas sociedades onde o tácito predomina nas relações e nos discursos, a sensibilidade é, ao contrário, essencial para compreender o que existe sob as palavras, nas entrelinhas, nos silêncios e nos rituais, com detalhes complexos e jamais inocentes.

Um discurso explícito demais no Japão provoca mal-estar, pois choca as conveniências de uma delicada sensibilidade que dá tempo aos interlocutores para se situarem e pesarem a situação antes de se comprometerem. Os grandes gestos afirmativos e demonstrativos podem parecer o cúmulo da violência e da falta de educação. No Japão, não é muito útil pôr os pingos nos is, pois todos sabem que os is têm pingos, e seria um insulto salientar isso! E se aqueles a quem nos dirigimos não souberem? Pois bem, ou eles não valem a pena ou, em caso de necessidade, serão tratados da maneira mais brutal para que se resolvam, colocando os pingos nos is quando se estiver pronto a assumir as consequências... É por isso que, no arquipélago nipônico, qualquer pedido de esclarecimento é acompanhado de desculpas para não ferir o interlocutor, mostrando-lhe que ele não foi capaz de compreender sem que fosse perguntado. Mais do que se expressar, a arte consiste em sugerir; então o *ba* está bom, os fluxos circulam harmoniosamente e nenhuma rusga se forma na relação[5].

O *kata* de Nonaka-*sensei*

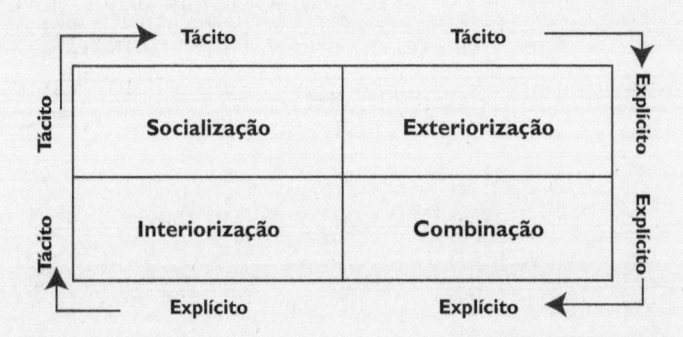

	Tácito	Tácito	
Tácito	Socialização	Exteriorização	Explícito
Tácito	Interiorização	Combinação	Explícito
	Explícito	Explícito	

Fonte: adaptado de Nonaka *et al.* (2002)

Uma das maiores contribuições de Ikujiro Nonaka à gestão do conhecimento é o modelo SECI. Ele descreve um movimento de criação de conhecimento que começa com uma socialização do saber tácito individual (S), seguida de sua expressão (E) ou formalização, de sua combinação (C) com outros saberes explícitos disponíveis, fechando o ciclo com uma interiorização (I), em uma espiral contínua[6]. Para qualificar a passagem de uma fase à outra, Ikujiro Nonaka utiliza o conceito de *conversão*, mas a essa tradução literal do inglês preferimos *mutação* ou *transformação* em referência ao I-Ching[7]. As fases 1 e 4 desse modelo tangem à dimensão tácita, individualizada, pouco visível e não formulada, enquanto a segunda e terceira dizem respeito ao explícito. No primeiro conjunto (fases 1 e 4), encontram-se os valores *yin*, noturnos, femininos, geradores, potenciais; o segundo (fases 2 e 3) é marcado pelo *yang* – positivo, manifesto, exteriorizado. Constata-se com surpresa que o símbolo tradicional do *yin* e do *yang* funda como que o substrato do modelo SECI! O tácito (*yin* dominante) da socialização se transforma em explícito (*yang* nascente) sob o efeito de sua expressão, se combina e se organiza no visível com outros saberes disponíveis (*yang* dominante) para se interiorizar nos indivíduos (*yin* nascente).

No Japão, o pai do *kata* SECI não é chamado de Nonaka-*san* como qualquer cidadão ou cidadã, mas de Nonaka-*sensei*, ou mestre. Embora todo professor seja qualificado de *sensei*, deve-se sem dúvida ver nisso uma dimensão cultural mais profunda. Em cada conferência que profere, Nonaka expõe seu modelo, com variações menores em termos de aplicação. Essa repetição leva alguns ocidentais a considerá-lo um *has been*, ultrapassado, que foi certamente genial na sua época, mas que não produziu mais nada de original. Ora, por ter entrevistado várias vezes Ikujiro Nonaka e ter tido a oportunidade de participar de alguns seminários internos e reuniões de trabalho com seus doutorandos, posso testemunhar que sua reflexão ultrapassa amplamente o SECI, fundado na distinção entre conhecimento tácito e explícito. Sua imaginação, sua curiosidade e sua produtividade intelectual vão muito além do modelo que fez sua reputação e seu sucesso. Mas seu papel e sua função de *sensei* no Japão o levam a dar e reproduzir as diretrizes de seu *kata*, permanecendo fiel às suas etapas sucessivas. Ele o cumpre da mesma maneira que um mestre de arte marcial, de *shodo*[8], de *ikebana*[9] ou de cerimônia do chá, reproduz para seus discípulos seu *kata* e o faz sentir, de *hara* a *hara*, seguindo um rito inscrito no funcionamento tradicional da sociedade japonesa. A exposição do SECI por seu criador é carregada de seu DNA[10].

As espirais de conhecimento

Os diferentes momentos do kata não devem ser considerados de maneira estanque, mas como pontos de partida uns dos outros em sua sucessão. A manifestação da socialização (S) produz o germe da exteriorização (E) do saber tácito, que acarreta por si mesmo sua combinação (C) com os saberes explícitos existentes antes que estes se interiorizem (I) nos indivíduos e nas práticas coletivas. O conhecimento é o resultado de um processo que inicia no que o indivíduo sente e sabe, mesmo que não o tenha formulado previamente de modo explícito. É por essa razão que o ponto de partida da criação de conhecimento no Japão não repousa nas bases de dados ou nas tecnologias da informação e da comunicação, mas na criação de condições favoráveis através de um *ba* para que esses elementos de conhecimento tácito se liberem da gravitação na qual os encerram os indivíduos, que, sentindo-se confiantes, podem se expressar. Não se decreta a criação de conhecimento, mesmo que, uma vez reunidas as condições e instaladas as práticas, ela possa se traduzir por um *slogan*.

A *socialização* corresponde a uma fase em que o tácito se libera de seu invólucro invisível e personalizado. É bom manter uma parcela de sombra e de imprecisão, de *yin*, pois ela constitui a verdadeira fonte de um conhecimento que se tornará claro, formalizado, transmissível se, e somente se, as condições de sua mutação forem respeitadas e favorecidas. Esse primeiro tempo informal supõe a existência de uma empatia indispensável a uma intersubjetividade que não passa por palavras, mas por emoções, sentimentos, ritmos, valores, por uma visão compartilhada ou ainda pela autenticidade da atenção ao interlocutor. Em um espaço existencial (*ba*), a socialização se traduz por uma experiência física compartilhada que mobiliza todas as capacidades dos indivíduos. Esse primeiro tempo silencioso cria as condições para a formulação dos saberes, para sua *exteriorização*, ou seja, para sua vida neste entremeio, neste *in-between*[11], global e dinâmico, representado pela relação. O tácito articulado, cristalizado e reunido torna-se comunicável. O uso de metáforas, de analogias e de modelos ocorre nesta etapa do *kata*, da rotina criativa. Esses conhecimentos podem se traduzir por melhorias nos métodos. Mesmo não sendo etapas revolucionárias, um conjunto de pequenas inovações leva, às vezes, a grandes progressos[12]. Segue o momento da *combinação* ou da fusão criativa entre o conhecido explícito e o aporte do conhecimento tácito transformado no decorrer das duas etapas anteriores. Uma vez disponível, passa a ser possível armazenar a síntese dessas informações em bancos de dados, registrá-la em sinopses técnicas, relatórios, sessões de formação... Enfim, o conhecimento novo e explícito torna-se tácito, integrado e *interiorizado*, inscrevendo-se no patrimônio dos indivíduos e da organização.

Retomando essas quatro fases do *kata*, podemos considerar as gradações e as manifestações do *ba* ao longo desses diferentes momentos. Ele se traduz, primeiramente, por condição de surgimento (socialização), espaço de diálogo e de formalização (exteriorização), plataforma de enriquecimento (combinação) e, finalmente, de concentração (interiorização). Como vimos anteriormente, esse *kata* retoma o esquema emblemático da transformação cíclica do *yin* em *yang* e vice-versa. Agregando-se, o tácito interior (escuridão – *yin*) progride e se exterioriza (luz – *yang*) para, a seguir, se interiorizar de novo no indivíduo. O *ba* comporta um forte componente tácito quando se compartilham as emoções, as experiências, os sentimentos e as imagens mentais por ocasião da socialização das capacidades e conhecimentos dos indivíduos. De acordo com as próprias palavras de Nonaka, atenção, amor, confiança e responsabilidade são aqui necessários. A essa dimensão interindividual se acrescenta uma outra, coletiva, onde práticas, valores, cultura e ambiente são compartilhados de maneira mais ou menos formalizada. O *ba* fornece o contexto da *exteriorização*. Com as tecnologias da interação, um *ba* pode funcionar na dimensão virtual das redes, onde as relações a distância *combinam* tácito e explícito em espirais de conhecimento[13]. Enfim, um *ba* prepara um contexto apropriado para a interiorização dos conhecimentos e contribui para a catálise da reflexão que se transforma em ação.

A informação como ação

Fortemente influenciada pela China, onde não existe "forma superior de inteligência além daquela ligada à interpretação da mudança"[14], a dicotomia entre teoria e prática não se apresenta, na cultura japonesa, nos mesmos termos do Ocidente. Aqui, a ordem do mundo não decorre tanto de um modelo[15], mas está contida na própria mudança a ponto de *ser* a mudança. Coincidir com o curso das mutações[16], acompanhá-lo, até mesmo dinamizá-lo e tirar proveito dele possibilita não agir sozinho, tal como um demiurgo que proclama "faça-se a luz!". Aprendendo com os fatos, deixa-se a ordem das coisas transparecer, ao invés de se esforçar para impor regras artificiais, possivelmente geradoras de desordem. No arquipélago nipônico, é se testando que se aprende, o corpo não é separado da mente, mas é o melhor veículo da aquisição de competências e de conhecimento. Ajustar-se ao que muda difere bastante do "sentido da História", tão caro à modernidade do Ocidente, que supõe que o futuro se inscreve em um movimento previsível quase escrito!

No Japão, a informação é ação, resulta da relação, de um movimento de conhecimento ou de um *do*, entendida como um processo integrado em um comportamento. A escuta e a sensibilidade aos outros e ao ambiente permitem antecipar antes que a imposição se torne brutal demais. A vigília se foca nos espaços relacionais entre os fatos, os objetos e os seres, pois esses vazios são a matriz do que será, ou mais exatamente, do que se torna. A pintura tradicional chinesa, bem como a japonesa, leva muito em conta os espaços relacionais entre as formas. Nas artes marciais, a noção de *ma-aï* designa o espaço-tempo que separa dois parceiros. A qualidade do *ma-aï* varia em função do *savoir-faire* de cada um e das circunstâncias.

Para Sun Tzu, a arte da guerra é como a água, cuja única forma é aquela de seu continente. Adaptando-se permanentemente, ela permanece líquida, transforma-se em gelo ou em vapor conforme as condições, mantendo inalterada sua composição química. O mesmo acontece com a empresa que se perpetua adequando-se às circunstâncias. No caso japonês, ela é concebida como um fluxo que busca sua fonte no código genético, no DNA de seus fundadores[17], e que se perpetua através de um processo ativo de harmonização com a evolução dos mercados e das disponibilidades tecnológicas. "Somos o futuro", afirma-se, na Fuji-Xerox[18], para indicar essa continuidade presencial. A informação verificada, codificada, materializada e armazenada não é a mais estratégica porque se danifica quando seu movimento cessa. O saber *explícito* que ela constitui e enriquece certamente pode ser manipulado e transmitido, mas por isso mesmo, condenado a empobrecer-se ao longo do tempo, pois o valor estratégico de uma informação é inversamente proporcional à sua difusão, a seu grau de certeza e de pertinência.

Na empresa japonesa, o princípio *yang* se encontra nas bases de conhecimento, ao passo que o princípio *yin* se manifesta, por exemplo, na intranet. Mas tanto a informação em devir (*yin*) quanto aquela que é certa, manifesta e transmissível (*yang*) permanecem em contínua transformação. A interdependência das duas é essencial nos processos de criação de conhecimento; se a empresa se apoiasse apenas no que é sólido e verificado, não faria mais do que reproduzir e salientar evidências conhecidas por todos e impróprias para fazer a diferença em relação à concorrência. O respeito ao informal, ao que não é seguro, ao que permanece impossível de verificar deve ser levado a sério caso se queira produzir novos conhecimentos.

Os *hubs* do gerenciamento intermediário

"*Knowledge has to be given and taken. Knowledge is soul, and impromptu necessary, like jamming of jazz play*"[19]. O *ba* das espirais de conhecimento pode ser comparado a um grupo de músicos de jazz improvisando livremente[20]. Em função do que cada um é (natureza) e do que sabe (competências), todos entram em um ambiente (*ba*) que mobiliza sua sensibilidade e seu *savoir-faire* no drama da criação musical. Animados tanto pelos outros quanto por si mesmos, os músicos executam a partitura não escrita para onde convergem suas energias, desejos, criatividades e *savoir-faire* respectivos. Dar-receber, condição da troca, supõe o reconhecimento e a aceitação da particularidade de cada um. A partilha gera a comunidade de ação (*ba*) fundada no esforço compartilhado e na adesão a um projeto. Isso difere da imagem da orquestra sinfônica, compartimentada em seus papeis e delimitações, em suas atribuições instrumentais, onde a partitura preexiste de maneira explícita, hierarquizada em sua direção, momentos e combinações.

A informação e o conhecimento representam fatores de ganho de tempo quando se sabe onde e quando calibrar da melhor maneira os esforços, dosar conforme as circunstâncias e investir na hora certa. O conhecimento é fator de economia e de otimização na alocação e no rendimento dos recursos. Em matéria de organização, as estruturas piramidais e compartimentadas não são as mais reativas, visto que seus estratos retardam e deformam uma informação, às vezes trunfo interno de poder. Quando se cita a horizontalização utilizando o slogan "*flatten the pyramid*"[21] no Japão, insiste-se no papel estratégico do gerenciamento intermediário, visto como uma articulação vital para o funcionamento das organizações[22]. A exemplo do jogo de *go*, é a qualidade das relações entre os elementos constitutivos que faz a força de um território. "A informação não deve ser um fator de discriminação dentro de uma empresa"[23]; internamente, todos devem ter acesso a ela. Porém o projeto, a cultura e os valores da organização também devem ser imperativamente partilhados. Um ganho de tempo resulta da diminuição da duração de processamento de dados que se tornam informação antes de enriquecer o conhecimento estratégico[24] da empresa, que a transforma em capacidade e a desenvolve. Isso supõe liberar-se dos freios da transação, de todas as formas de viscosidade que atrasam as operações. Nisso, a aptidão do gerenciamento intermediário é estratégica para acelerar os fluxos de maneira pertinente, tais como *hubs*[25] aéreos.

Na sociedade do conhecimento, a empresa deve se proteger do mal de Alzheimer que destroi sua memória. Contra essa tendência que ameaça a firma que está envelhecendo, os japoneses recomendam pôr a informação em rede; é *a empresa hipertexto*, onde o papel é banido[26] e os empregados não têm mais escritórios fixos. A mobilidade diária interna favorece os encontros entre perfis diferentes[27], mistura setores, departamentos e subculturas que se reconhecem e aprendem umas com as outras ao invés de se fecharem em rotinas protetoras apartadas do conjunto[28]. Não imprimir mais a informação favorece a socialização do conhecimento tácito, incorpora a dimensão coletiva no espírito de cada um, assim que as informações são formatadas para ficarem acessíveis e utilizáveis por todos. "Zero papel" fortalece as bases de conhecimentos, o cérebro coletivo, o que supõe uma verdadeira integração do projeto global. Essas grandes orientações estratégicas se servem de uma generalização do uso das tecnologias da interação e das ferramentas do nomadismo, integradas na logística transversal de intranet e das bases de dados. O *kata* do SECI, do zero papel e do nomadismo dentro da empresa, são algumas das *rotinas criativas* que contribuem para tornar férteis em conhecimento os meios vivos e animados das organizações japonesas inovadoras.

> ### *Resto-do*
>
> Quando passeia em certos bairros antigos da ex-capital imperial de Kyoto, o caucasiano fica surpreso ao saber que os pequenos restaurantes mais tradicionais lhe são proibidos! Seria racismo antiocidental? Não, pois tampouco um habitante de Tóquio ou de Osaka parece poder entrar! Então, ser de Kyoto é a condição exclusiva? Não. A resposta é que o dono do restaurante precisa conhecer antes seu cliente e confiar nele! Mas então, interroga o caucasiano surpreso, onde isso começa, não passa de um negócio de família, de linhagem, de tradição?
>
> Sua única possibilidade é estar acompanhado, muito bem acompanhado, por *habitués* que sejam avalistas de sua qualidade e de suas aptidões para bem aproveitar e respeitar. Mas por que então essa prática? Esses donos de restaurantes tradicionais não buscam o lucro, não querem vender? Frustrado, o caucasiano não compreende, ainda mais que deve ser o máximo jantar em um ambiente tradicional assim. A argumentação não parece racional, pelo menos de seu ponto de vista.
>
> Na verdade, esses restaurantes não aceitam os estrangeiros porque, não os conhecendo, não estão certos de poder satisfazê-los. Tal desapontamento seria malvisto e deixaria tanto o proprietário quanto o cliente pouco à vontade, sem falar da ofensa feita aos próprios ingredientes dos pratos! Entre o dono e o cliente, é a relação que conta. Com o tempo, há uma adequação e o primeiro aprende e trabalha para satisfazer cada vez mais ao segundo, enquanto aprofunda sua arte, seu *do*! Essa dinâmica criativa da harmonia é fundada no *kata* de cada um.

Notas

1. Presidente da Knowledge Management Society of Japan, *The Origin of Chi in the West and in Japan*, Tóquio, 2005.
2. Famoso parque em cuja entrada os jovens japoneses, sobretudo japonesas, encontram-se aos domingos, vestidos com roupas extravagantes, mas que atentam, ao máximo, ao detalhe e à precisão.
3. Arte fulgurante de desembainhar o sabre e, tirando-o da bainha, atacar, limpar o sangue (figurado) do adversário, depois embainhá-lo, retomando a posição de *seiza* (sentado sobre os joelhos), *como se nada tivesse acontecido*.
4. Literalmente: "engana-olho"; uma pintura que, com a utilização da perspectiva, cria uma ilusao de ótica.
5. Essa descrição corresponde a uma vontade de compreender a lógica relacional e comunicacional no Japão. Seria abusivo sistematizá-la em excesso. Nela se deve ver, como no caso de uma cultura particular da estratégia, um pano de fundo, um tecido de referências, de hábitos e de tendências de comportamentos. O Japão é um país moderno, feito de indivíduos que reivindicam, sobretudo no caso das jovens, cada vez mais liberdade e autonomia e que viajam e se formam no mundo inteiro.
6. Veremos exemplos precisos disso principalmente no caso da sociedade Eisai, na segunda parte desta obra.
7. *O livro das mutações*.
8. Arte da caligrafia.
9. Arte da disposição floral.
10. Retomaremos essa noção de DNA principalmente no caso dos criadores da Sony e da Honda.
11. Intersubjetividade, *in-between* em referência às artes marciais. A partir das características e da evolução deste *entre* (*in-between*), toma-se a decisão. Fala-se então do *ma-aï*, combinação de tempo e de espaço que separa os protagonistas e que define um limite aquém do qual existe a segurança. Em contrapartida, uma vez ultrapassado, é necessário o movimento para restabelecer e manter o acordo e a harmonia.
12. Ver, a esse respeito, a empresa Musashino na Parte II.
13. Nonaka e Teece, 2001.
14. Jacques Gernet, prefácio a *Stratagèmes. Trois millénaires de ruses pour vivre et survivre*. Harro von Senger, Inter Editions, Paris, 2002.
15. Como se diz nas grandes religiões monoteístas, nas quais se crê que Deus criou o mundo graças a um ato de sua vontade.
16. F. Jullien, *Traité de l'efficacité*, Grasset, Paris, 1997.
17. É o que se afirma principalmente na Sony e na Honda.
18. Ver *Knowledge Dynamic Iniciative* de Fuji-Xerox (Parte II).
19. Ikujiro Nonaka, 2001.
20. Em francês, "*faisant le boeuf*".
21. Achatar a pirâmide, ou seja, reduzir o número de níveis intermediários.

22. Ver Fujitsu na Parte II.
23. Ver Kao Corporation, Parte II.
24. *Dados* como fatos representados sob a forma de números, letras, gráficos, estoques, preços, níveis e pontos de vendas, clientes, perfis, pedidos... *Informação:* dados + intenções. Os fatos são organizados dentro de um projeto específico. Um dado se torna uma informação quando passa a ser uma indicação, quando tem sentido em relação a um projeto, uma expectativa. *Conhecimento*: informação + interpretação + experiência + contexto.
25. Aeroportos que concentram vôos diferentes e onde se reúnem passageiros (ou mercadorias) rumo a destinos comuns.
26. Ver PWC Consulting, Parte II.
27. Ver NTT DoCoMo, Parte II.
28. Exatamente como no jogo de *go*, é a qualidade das relações e a ascendência global sobre o *go ban* que fazem a diferença entre os jogadores, e não, a qualidade das pedras tomada isoladamente.

PARTE II
Portas

Os testemunhos que seguem na segunda parte deste livro ilustram como o caminho japonês na sociedade do conhecimento se traduz concretamente nas empresas do arquipélago nipônico. Os três capítulos anteriores buscavam propor *chaves* de leitura; os próximos representam *portas* entreabertas, senão para casos, pelo menos para uma seleção de depoimentos extraídos de um conjunto de entrevistas feitas em inglês entre 2001 e 2005, à exceção de algumas em japonês, que recorreram a tradutores, essencialmente a uma doutoranda do Professor Nonaka. O valor e o interesse dessas entrevistas também resultam de uma parcela inevitável de acaso ligado às dificuldades de identificação das pessoas certas nos tempos restritos e limitados das missões do autor no Japão. A orientação da entrevista incidia sobre as modalidades da gestão, ou criação, de conhecimento nas organizações visitadas. Por levar em conta a defasagem cultural e o risco permanente de ignorar detalhes ou nuances importantes, ou ideias e sugestões que poderiam parecer descontextualizadas à primeira vista, essas conversas eram muito abertas. Uma preocupação de compreensão e de comunicação sincera inspirou os interlocutores, raramente sós, que se encontraram várias vezes em um período de quatro anos.

Na retranscrição dos testemunhos, o autor limitou suas intervenções a pontos que permitam compreender melhor as declarações das pessoas entrevistadas e, por vezes, esclarecer seu alcance. Sistematicamente, uma imagem ou *slogan* acompanha o nome de cada empresa, como que para dar uma indicação de sua direção ou de uma de suas realizações mais relevantes. Ao longo de todo o texto, frases-chave, em negrito, ilustram posicionamentos, princípios ou regras de organização ressaltados pelos interlocutores e que constituem igualmente fontes de inspiração e de reflexão oferecidas ao leitor.

Os quatro capítulos desta segunda parte têm como título uma palavra-chave. *Cultura* resgata as raízes tradicionais do espírito samurai, próprio a certas empresas visitadas, e remete ao Capítulo 1, dedicado ao *budo*. *Espaço* mostra como certas organizações colocam em prática o conceito de *ba*, exposto no Capítulo 2. *Comunidade* remete a um traço fundamental da sociedade japonesa, onde ninguém existe fora do grupo e segundo o qual o esforço coletivo a serviço de um interesse mútuo e superior é vital. As comunidades estratégicas de conhecimento põem em prática esse princípio. Enfim, *Tecnologia* indica os modos de organização onde ela desempenha um papel essencial. O espírito do *kata*, desenvolvido no Capítulo 3, impregna esta segunda parte, na medida em que ele é consubstancial, poderíamos dizer, à sociedade japonesa.

Esta segunda parte ilustra a hipótese central do livro: é mergulhando em sua própria cultura, mais particularmente em sua cultura da estratégia, que as organizações japonesas enfrentam as reviravoltas desta sociedade do conhecimento no mundo aberto e interdependente que conhecemos hoje. É necessário mostrar como essas comunidades estratégicas de conhecimento se traduzem na realidade das organizações encontradas, e isso ocorre por meio da precisão desses depoimentos. Cabe ao leitor avaliar essa realidade e forjar sua própria opinião. A conclusão do livro discutirá o valor exemplar desta abordagem japonesa como um estímulo para outras culturas em outras latitudes que definitivamente confrontam-se, em parte, com os mesmos desafios contemporâneos do Japão.

4

CULTURA

Operacionalidade de grupo
Renault-Nissan

O que se diz sobre a atitude dos japoneses acerca da informação é exato. Eles têm uma aptidão incrível para digerir enormes quantidades de informação, e suas quatro maneiras de escrever têm parte nisso.

Em uma organização japonesa, toda informação disponível é passível de interesse e deve ser aproveitada. A capacidade de leitura é extremamente rápida graças à escrita por sinais. Para captar o sentido de um texto, o olhar se dirige diretamente aos ideogramas *kanji*, de origem chinesa, que revelam o essencial do sentido e permitem proceder a leituras transversais bem rápidas. No Japão, quatro formas de escrita são utilizadas de maneira simultânea e combinada. Os *kanji*, ideogramas com um sentido abstrato que devem ser adaptados em função dos locutores, das relações e dos contextos de uso, constituem os caracteres mais complicados e mais ricos. Dois modos mais simples de escrita, *hiragana* e *katakana*, permitem uma pronúncia fonética, sendo este último empregado principalmente para a transcrição das palavras estrangeiras. Enfim, a utilização de caracteres latinos como, por exemplo, a expressão *knowledge management*, pode ser encontrada tal qual no meio de um texto. Se, em um mesmo texto, coexistem caracteres diferentes, o sentido geral é dado pelos *kanji*, tanto e tão bem que é possível fazer uma leitura rápida se atendo somente a eles.

A informação faz parte da responsabilidade das pessoas e de seu trabalho diário para que cada um se situe e compreenda, e a dinâmica interna da organização se articula a partir dessa função de informação. Em toda comunidade, todos sabem tudo sobre todos, e a circulação dos dados auxilia a harmonia interna. Aqui, a informação é ação, pois sua integração se traduz nos comportamentos e atitudes com uma celeridade inacreditável. O coletivo cria referência, e isso induz vigilância e escuta permanente da informação. Uma informação existe a partir do momento em que é conhecida por todos e que enriquece o capital cognitivo da organização. Ela se incorpora ao patrimônio da empresa, representa o cimento que une o conjunto e lhe dá força. É por esse motivo que a eficácia na organização da informação no Japão é tão surpreendente. Aprende-se, armazena-se, pois mais dia, menos dia, isso poderá servir.

A intranet é consultada com bastante regularidade. Saber é uma tarefa essencial, e cada funcionário administra a informação em seu gerenciamento e em suas relações com os outros. É por isso que as demandas explícitas são raras.

Internamente, a informação deve circular; isso faz parte do trabalho individual. Tudo o que foi encontrado, feito ou observado, é detalhado para ser consignado e transmissível. No funcionamento dos grupos, sempre há alguém encarregado da formalização do que foi feito. Sistematicamente, ao final de todas as etapas do processo, esse registro enriquece o patrimônio, organiza-o e disponibiliza seu acesso. Uma tarefa nunca termina com sua execução, pois resta aumentar o capital cognitivo da organização por meio de apanhados facilmente mobilizáveis posteriormente.

Assim, com o tempo, as empresas dispõem de volumosas bases de conhecimento, consultadas como referência para refletir antes de iniciar uma operação. Quando se quer prognosticar a cor dos carros de amanhã, processa-se primeiramente o conjunto dos dados acumulados nos últimos 10 anos; depois, tendências são extrapoladas; a resposta se situará em algum lugar entre o passado e esses desdobramentos. O resultado será uma espécie de extensão do presente. Mas isso também pode representar um obstáculo à verdadeira inovação.

No Japão, a memória é extremamente seletiva em relação ao que é estrangeiro à cultura nipônica. É surpreendente constatar que os conhecimentos adquiridos de um grande número de *MBAs* feitos nos Estados Unidos não são aplicados quando seus titulares voltam para casa. Pode-se dizer que a obtenção desses diplomas serve para conseguir prestígio, mas que, em seguida, o húmus nacional e seus modos organizacionais prevalecem devido talvez à predominância da dimensão coletiva. Na empresa japonesa, é importante passar tempo e compartilhar o tempo, e é assim que se sobe na hierarquia. Isso cria um problema em relação a formas de trabalho colaborativo a distância que modificam a maneira de viver o tempo e o espaço. O fato de não poder compartilhar uma presença confunde não somente o gerenciamento, mas também os empregados, que perdem suas referências, pois é o conjunto, aqui e agora, que faz com que as coisas avancem.

O relacional é uma dimensão essencial ao funcionamento global, e isso torna difícil, *a priori*, a avaliação individual dos desempenhos. Se não existem verdadeiros responsáveis de projeto nos níveis intermediários, é porque tal responsabilidade atribuída a pessoas significaria que elas colocariam sua vida nisso, seguindo o mais puro estilo da cultura do samurai! Estabelecer objetivos individuais pode provocar uma desestabilização nessa cultura de grupo, onde somente se confia uma tarefa a uma pessoa quando se tem certeza de que ela pode fazê-la; do contrário, não se faz! Em caso de problema, o grupo regula para compensar a deficiência do elo fraco, mas sem dizê-lo. De modo geral, alguém se torna gerente porque soube demonstrar sua capacidade para favorecer o consenso dentro do grupo sem desacreditar quem quer que seja! Ele sabe administrar e encarnar o interesse global sem nunca ter criado choques. Esse *seniority system* favorece as pessoas que estão há mais tempo na empresa e que são também as mais velhas!

Operacional e tempo compartilhado. Os japoneses não são responsáveis somente pelo que fazem, mas também pelo que transmitem. Este é um traço de seu caráter.

O operacional é determinante no Japão. Ir de teorias ou conceitos à prática é muito pouco usual, pois o modo de organização não é propício a isso. O objetivo só é visto através de seu desdobramento, e a reflexão puramente estratégica assusta. A alegria, o prazer está no operacional bem feito e, nesse quesito, os japoneses se superam, mas isso acarreta um déficit terrível em termos de inovação. A criatividade japonesa é um mito, pois a antecipação verdadeira é nula. Em compensação, uma vez identificadas todas as peças em jogo, eles avançam duas vezes mais depressa do que os outros! Sabem disso e se fiam um pouco nessa capacidade que explica a excelência de sua cultura da informação e as atenções que suscita. Da sistematização coletiva do estudo dos sinais, tais como se manifestam, e da memorização de que foram objeto no passado, resulta uma aptidão notável a ver antes dos outros do que o futuro próximo pode ser feito. A rapidez, a organização e a logística fazem o resto, mas não se trata absolutamente de um potencial gerador de verdadeiras rupturas inovadoras.

A responsabilidade da reflexão e da conduta estratégica cabe à administração superior, mas o sistema extensivo do acesso à responsabilidade não é orientado pela estratégia. Isso pode parecer um paradoxo, mas até agora, o *top management* é apenas honorífico, o *nemawashi*[1] faz tudo sem que se tome decisão individual. Tudo provinha de baixo porque fora decidido após um processo de circulação com valor de compromisso! No Japão, não há separação real entre a reflexão, a decisão e a ação. A opinião pessoal é dada porque se pertence a um grupo que se conhece; a partir disso, o envolvimento está criado. Não há distância entre o que é dito e o compromisso efetivo; por isso, é grande a precaução com as palavras, que têm valor de atos. A confiança, essencial, traduz-se por redes extremamente persistentes. As relações entre membros de uma turma universitária ou de qualquer outra organização permanecem muito ativas. Em um setor, quando uma decisão deve ser tomada ou uma consulta está em andamento, cada membro busca informações em suas redes pessoais e profissionais de conhecimento, que funcionam como referências ocultas.

A excelência operacional também vem do fato de que os japoneses não transgridem. Eles fazem o que foi decidido. Uma vez estabelecidos os padrões e procedimentos, eles são aplicados, talvez até o embotamento, podendo mesmo bater direto contra a parede, mas todos juntos; é o *sen-no-sen* absoluto! Não existe, como na França ou no Brasil, uma mentalidade de *jeitinho,* suscetível de fazer uma adaptação, retificar o alvo em função das circunstâncias e de uma responsabilidade assumida individualmente. Em contrapartida, a eficácia e sobretudo a rapidez são fenomenais, e é a partir disso que se estabelece a valorização dos homens. Felizmente, as japonesas são mais flexíveis em suas estratégias e atitudes. Muito mais maleáveis e adaptativas, elas sabem como encontrar os meios e arranjos adequados para alcançar seus objetivos. Uma das características dos homens no Japão é a imaturidade, até mesmo uma certa irresponsabilidade. Lá as mulheres são consideradas frágeis, mas as mães, temíveis. São mais profundas na compreensão das coisas, ao passo que os homens são descritivos, e isso se observa no trabalho cotidiano.

O não-dito é vital, e o trabalho é com frequência permeado de sensível e de relacional. Fala-se aparentemente de muitas coisas sem forçosamente nomear o objeto, e é desta maneira que se cria o consenso que leva à decisão.

A promoção de uma pessoa é efetiva a partir do momento em que cada um do coletivo tiver manifestado sua adesão. Em contrapartida, a qualidade diz respeito à responsabilidade individual, não sendo necessário organizá-la. Por mais surpreendente que possa parecer, a noção de controle é estranha ao Japão. Quando uma tarefa é confiada a alguém, sabe-se que ele vai fazê-la, e seria de mau gosto conferi-la explicitamente! Cada um assume sua tarefa e dá um passinho a mais do que havia sido solicitado. Encontra-se aqui o sentido da superação, comedida, é verdade, que existe na cultura *budo*. Trata-se de não permanecer em um estado de imobilidade, mas de avançar, para se manter em movimento, se inscrever em uma trajetória, um entremeio aberto. "Nós nos deleitamos com esta claridade tênue, feita de luz exterior de aparência incerta, presa à superfície das paredes de cor crepuscular e que mal conserva um derradeiro resquício de vida [...]. Para nós, essa claridade em uma parede, ou antes, essa penumbra, vale todos os enfeites do mundo, e sua visão não nos deixa jamais", escreve Tanizaki[2].

No Japão, muitas coisas não são ditas, mas as pessoas se vexam facilmente quando solicitadas a formalizar uma situação, o que pode parecer um flagrante. Já os norte-americanos funcionam no explícito, pois, para eles, cada coisa deve ser definida. Na sociedade japonesa, prevalecem os processos, as mutações, o que se passa nas entrelinhas, o movimento e as mudanças qualitativas. Tudo pode desabar, mas os japoneses irão sempre festejar o resplendor das cerejas em flor na primavera e contemplar a lenta mutação das nuances e das cores do outono. O emocional é essencial para os japoneses, muito receptivos à evolução das coisas e dos fenômenos, muito sensíveis ao imaterial, ao que muda e se situa em um entremeio, em outras palavras, à qualidade de um presente continuamente suspenso. Alguns diriam que eles têm um lado piegas, tanto que sua suscetibilidade está à flor da pele. Em compensação, evitam-se as emoções negativas que possam romper a harmonia do grupo e, já que não se sabe administrar o confronto, este, bem como as observações, é evitado.

Para o Japão, a França é sinônimo de luxo, gastronomia e férias. Para o benchmarking, porém, prefere-se a Alemanha, mesmo que os japoneses a considerem um pouco esmaecida e que lá se coma mal.

Tudo que é novo logo se torna um *must* com um olhar pouco crítico. É incrível a sucessão das gerações de produtos neste país. Em última análise, não é tão difícil lançar no mercado algo novo, mas sua duração é mais problemática. O novo se vende depressa, mas a obsolescência é rápida. Os japoneses compartilham com os franceses a adoração pela comida. Todos os relatórios em que eles narram o que lhes chamou a atenção fora do país começam por considerações sobre a alimentação. É como se um país onde se come mal fosse um país suspeito! Por isso, a França merece consideração aos olhos japoneses, mesmo que, com Carlos Ghosn[3] – presidente da Nissan depois que a Renault assumiu seu controle, verdadeiro herói sobre o qual se fazem mangás – e também com Philippe Troussier, que levou a equipe nacional de futebol às quartas de final da Copa do Mundo de 1998, a imagem desse país esteja mudando um pouco. Assim sendo, o sofrimento é de certo modo necessário para o japonês. Uma tecnópole como Sophia Antipolis, em Nice, na Côté d'Azur, que associa *high tech*, *business* e sol, os perturba por parecer um pouco incoerente.

O DNA dos fundadores

Sony e Honda

Na Sony, quando se gosta de algo, se faz; caso contrário, não se faz. A dimensão emocional é essencial, não se aposta só na lógica. É vital para uma companhia manter viva a marca e a continuidade do DNA de seus fundadores.

Há muitas coisas em comum entre Sony e Honda em termos de tamanho e de perfil. Nenhuma delas se considera tipicamente japonesa, nem se apoia em um banco próprio, por exemplo. Ambas foram fundadas por engenheiros, mas a influência norte-americana é maior na Sony do que na Honda. Bem cedo, essas duas companhias ultrapassaram os limites do mercado nacional e investiram no mercado externo. A exposição ao mundo global e às forças externas é, portanto, uma de suas características comuns, e isso resulta do estado de espírito, do DNA[4] dos fundadores, que buscaram já de início conferir-lhes uma dimensão internacional. No Japão, diz-se que os bambus se curvam ao vento, mas se mantêm os mesmos; o mesmo se dá com a influência do DNA do criador da Sony, o presidente Morita, cujo espírito e filosofia continuam a alimentar a visão e a estratégia do grupo através do tempo. É nessa perspectiva que, na Sony, quando se gosta de algo, se faz; caso contrário, não se faz: o *feeling* é essencial. Essa dimensão emocional é vital, não se aposta só na lógica.

Essa realidade é idêntica na Honda. Uma visão e uma filosofia comuns inspiram todos os empregados, quer sejam asiáticos, norte-americanos ou europeus. Mas hoje em dia, neste grupo industrial, um desafio maior consiste em conciliar o espírito dos inovadores com o dos conservadores. Se os jovens se importam cada vez menos com o *top management*, os mais velhos se preocupam com suas casas, são mais tradicionais. É através da comunicação direta entre esses dois grupos que a colaboração e o diálogo existem. Na Sony, qualquer um pode se dirigir aos outros, inclusive ao próprio presidente, e vice-versa. Isso mantém a mentalidade da empresa inovadora, seu *ba*. Antes da explosão da bolha econômica no século passado, os empregados passavam juntos a maior parte do tempo, inclusive os fins de semana e os momentos de lazer; agora, as coisas estão mudando um pouco.

A Honda gostaria de continuar sendo uma pequena companhia, mas isso é muito difícil. As pequenas unidades favorecem a motivação e a criatividade, mas, como a administração insiste na eficácia, às vezes isso vai de encontro ao senso de iniciativa. A organização em pequenas unidades acarreta o risco de perder de vista uma coerência global. Na empresa, a criatividade se manifesta de modo diferente conforme os setores envolvidos. Na Honda, a prioridade da pesquisa-desenvolvimento estimula a força de vendas e a transferência de novos conceitos, mas com a criatividade comercial é diferente. O problema dos engenheiros é que eles permanecem dentro de sua cultura própria e só falam entre si. Mantêm pouco contato com os clientes, salvo no caso de eventos específicos. Porém as gerações mais jovens, embora muito motivadas e agressivas, como na época do criador da companhia, também tendem a buscar a estabilidade dentro da empresa, o que atenua o sentido do desafio para a criação de novos produtos.

O contato com as outras culturas é salutar para a mente. Mas, quando se passa tempo demais escutando as pessoas e os mercados para, depois, criar os produtos correspondentes, são grandes as chances de se atrasar.

Tanto na Sony quanto na Honda, distingue-se entre a comunicação analógica – que ocorre face a face e que se baseia na relação humana – e a comunicação digital, de ordem tecnológica. Na ausência da primeira, nada funciona e não há futuro possível. A escuta direta dos clientes e consumidores é vital. Uma autoconfiança elevada demais afeta as capacidades de julgamento, e é por isso que a Honda dá muita atenção aos clientes que não lhe são fiéis, sobretudo nesta época de grandes mudanças. A exposição à diferença permite ouvir opiniões francas e sinceras. Dentro desse espírito, o interesse dos fãs, daqueles que aderiram quase que definitivamente à marca, é limitado. A Honda precisa recolher os pareceres e opiniões daqueles que não gostam nem dos motores nem dos carros, pois os *showrooms* dessa empresa e da Sony recebem usuários que não precisam mais ser convencidos da qualidade de seus produtos.

Na telefonia móvel, os especialistas são, acima de tudo, os jovens animados por uma energia que é preciso poder sentir e captar. A Sony se esforça para combinar escuta e criatividade. É estratégico ter ideias sobre os poucos produtos que vão ser lançados nos próximos dois ou três anos, não em 10 anos, pois não seriam aceitos! O contato com as outras culturas, salutar para a mente, constitui uma influência excelente. Mais do que trabalhar com um competidor como Fujitsu, a Sony prefere se expor além de seus domínios de atividades tradicionais. Há limites no *benchmarking*, pois se a comparação for feita sempre com aqueles que se encontram nos mesmos setores de atividade, não se poderá ter ideias inovadoras, que promovem uma ruptura e abrem para novos horizontes. A Sony tem concorrentes muito eficazes em copiar suas ideias, ao passo que ela nunca imitou, isso não a interessa, não lhe diz respeito e nenhuma energia é gasta nisso! A inovação vem das equipes que associam perfis diferentes, como, por exemplo, o *design* com a pesquisa-desenvolvimento ou o *marketing*.

Nós precisamos de caos, pois as boas ideias vêm dos marginais, e não, das cabeças convencionais. Para o criador da Honda, a energia resulta do poder dos sonhos!

Sony e Honda protegem seus funcionários criativos daqueles que poderiam tolhê-los dentro da própria empresa. Encontrá-los e preservá-los representa uma prioridade, pois um ou dois desses indivíduos podem salvar a companhia! Eles são como vírus, como mutantes positivos. A preocupação é maximizá-los, organizar para eles todo o espaço para suas atividades e sobretudo não lhes impor limites. Os talentosos são raros e é com eles que grandes oportunidades surgem em novos nichos. A eficácia desses criadores de conhecimento não passa pelos raciocínios matemáticos ou pela obsessão do retorno do investimento. Ater-se exclusivamente a esse tipo de raciocínio é estéril em termos de futuro e de inovação. Sony e Honda se consideram mais como caçadores (*hunters*) do que como fazendeiros (*farmers*) ou agricultores. Utilizando uma imagem, é vital arriscar-se na incerteza da montanha, selvagem e pouco habitada, para buscar novas ideias. Isso pressupõe faro e inspiração. O grande problema das organizações atuais é que as pessoas se protegem nelas. A Sony precisa de pessoas que não tenham nada a defender, o que é bem pouco japonês como abordagem e como atitude.

*O ba **pode ser tanto o melhor quanto o pior, pois pode levar uma comunidade a práticas e atitudes de enclausuramento.***

Um dito tradicional no Japão diz que *um prego que ultrapassa requer uma martelada*! A educação pregava que todos fossem como os outros, normal, conformado e terrivelmente tedioso! O sistema de dominação pela idade, o *seniority system*, vai de encontro à inovação e ao surgimento de novas ideias. O budismo, que marca profundamente a cultura japonesa, recomenda, no entanto, o raciocínio não maniqueísta, no qual o *sim* pode coexistir com o *não*, além de eles poderem ser simultâneos. As situações ambíguas são propícias à criação, ao contrário de um sistema exclusivo de representações: branco *ou* preto. No Japão, aprecia-se pouco esse tipo de oposição absoluta e definitiva entre extremos vistos como separados e inconciliáveis. Prefere-se o cinza com toda a variedade evolutiva das nuances, tão rica quanto a lenta mutação colorida das folhas no outono. Desconfia-se das soluções exclusivas que pretendem suspender e cristalizar os processos, prefere-se o movimento e a vida. Para mudar as coisas, é essencial se abrir e aceitar a diversidade das outras culturas, pois nelas há uma energia essencial e estimulante.

Para não perder e transmitir sua memória como uma força viva, a Honda prepara um livro com DVD para mostrar a história da empresa. Esse meio de encontro com os clientes e usuários representa um horizonte para o futuro, pois as condições que existiam quando o grupo nasceu e se desenvolveu já desapareceram. A essa mudança de contexto devem corresponder novos conceitos; o último prédio atualmente em construção demonstra essa evolução por meio do *ba* que encarna. É vital permanecer criativo em um mundo onde os temores e os riscos tendem a impor a imitação. A Honda quer combinar o conceito de *kyoso* e de velocidade. Esse conceito, cada vez mais utilizado, pode ser traduzido por criação colaborativa ou cocriação. Para a Honda, trata-se de associar a realizações concretas uma parcela de sonho compartilhado que vai envolver poderosamente os empregados. O sonho pode se tornar realidade, não somente para o grupo, mas também em âmbito social e internacional. Resta saber como torná-lo possível, o que faz parte da pauta do grupo.

No Japão, as jovens são mais inovadoras. Muito diferentes dos homens tradicionais, elas têm as soluções do futuro.

É nas jovens que repousa uma grande parte do futuro do país e de sua capacidade para enfrentar criativamente as mudanças. Na sociedade nipônica, nada é feito *a priori* para elas, e isso as torna muito inovadoras e determinadas, o que causa problemas aos homens e à hierarquia. Tradicionalmente, o homem tem prioridade sobre a mulher de modo geral, quer seja saindo ou entrando por uma porta ou elevador. À mesa de um restaurante, servem-se primeiro os homens, e as mulheres se dedicam a dispor os pratos de maneira conveniente em torno deles antes de pensar em si mesmas, o que contribui para deixá-los imaturos; as jovens toleram cada vez menos isso. O *divórcio em Narita* faz referência a uma separação depois da lua-de-mel fora do arquipélago: as jovens ficam tão exasperadas com a incapacidade de seus cônjuges de se virarem no exterior que decidem deixá-los ao chegarem de volta ao aeroporto!

A melhoria da produtividade passa por aquela da criatividade e da gestão dos recursos humanos em um contexto de competição global crescente, onde o custo de trabalho dos colarinhos brancos é alto. Quando os empregados não estão convencidos do que fazem, sua produtividade é pequena, e é por isso que a busca de uma nova atmosfera favorável à motivação e à participação é mais do que necessária (*ba*). O presidente fundador da Honda dizia que toda pessoa precisa de cinco sonhos. A empresa é o *ba* onde isso pode se tornar realidade, pois "a energia resulta do poder dos sonhos"[5]. O espaço de trabalho deve se transformar em um espaço dinâmico de reflexão. Antes, a criação era algo solitário; agora, ela é colaborativa, e todos devem se envolver pessoalmente nesse processo.

Liberdade e abertura de espírito (*open mindness*) é um slogan que repousa nos recursos humanos. Todos devem poder expressar o que querem dentro da companhia.

A intranet da Sony é regularmente atualizada para que haja uma ligação direta entre os diferentes funcionários. A *Sony University* reúne os altos executivos em grupos restritos durante seminários regulares para aprofundar a visão e a filosofia da sociedade. A *home page* dessas jornadas permite compartilhar informações, ideias novas e orientações.

As redes de especialistas localizam os detentores de competências (*know who*). As práticas exemplares (*best practices*) são compartilhadas comunitariamente. É vital que todos os funcionários conheçam e assimilem as finalidades do grupo. Um dispositivo de compartilhamento permite a circulação das questões e dos problemas correntes, mas também das soluções encontradas para cada um. A transmissão é essencial. O mesmo acontece com a qualidade do *design*: o *ba* acelera os intercâmbios em uma atmosfera de confiança favorável à criatividade. As tecnologias da informação aperfeiçoam o armazenamento e a velocidade dos fluxos.

Chi-Do[6], a gestão pela sabedoria

Kao Corporation

A sabedoria tornou-se a questão central da administração. A missão suprema da empresa Kao[7] consiste em traduzir na vida dos consumidores os conhecimentos criados por ela.

Três princípios guiam a *Kao*: o atendimento ao consumidor, a igualdade absoluta dos homens e a busca constante da verdade e da sabedoria. O criador da *Kao Corporation*, o presidente Moruta, chamado de gerente-filósofo, é um fervoroso adepto do budismo. Para ele, na condução de uma empresa, a filosofia sobrepuja os conhecimentos tradicionais e teóricos das escolas de administração. A razão de ser da empresa não é tanto gerar lucros, ampliar seu lugar no mercado ou tomar o dos outros... mas levar felicidade e satisfação aos clientes por intermédio de seus produtos! Para isso, o método não consiste em impô-los à força e a partir do exterior, utilizando as ferramentas clássicas de *marketing*, mas em compreender o interior dos clientes e usuários, colocando-se em seu lugar.

Não deve haver *a priori* equívoco sobre a eficácia da comunicação, pois esta resulta primeiro de uma *ressonância* entre o emissor e o receptor; sem isso, nada acontece. O presidente Moruta pensa que cabe aos gestores dos recursos humanos criarem as condições que vão liberar a criatividade de cada um. A igualdade dos homens se situa no nível de seus respectivos potenciais, e as situações em que se encontram lhes permitem realizá-los, expressando-os. É tarefa dos responsáveis pelos recursos humanos trabalhar nesse sentido, para que cada um contribua positivamente para *ter parte em determinado resultado*. A sabedoria da empresa resulta da convergência dos saberes e das competências de todos. Ela se alimenta das interações permanentes entre os indivíduos que compõem a corporação, assim como da consciência e da harmonia que nela reinam.

A diferença entre as empresas se situa no saber não expresso. Da superioridade ou da inferioridade do chi de uma empresa sobre outra resulta a superioridade ou a inferioridade da própria empresa.

O *chi* é a fonte essencial da gestão e permite o melhor uso dos recursos humanos, dos bens, dos capitais e da informação. Ainda que não se possa exprimi-lo sob uma forma verbal, ele se traduz pela maneira de administrar, pensar e criar um ambiente dinâmico e próprio à empresa. Representa os quadris e as pernas da empresa; se estes forem firmes, isso se deve ao *chi*, que se manifesta sob três formas distintas. O *Moku-no-chi*, conhecimento silencioso, invisível e tácito de uma empresa, é o que gera os melhores resultados e o maior proveito. Só é percebido através de seus efeitos, pois representa a coluna vertebral (*backbone*) da gestão. É produzido pela história, pelo trabalho diário e contínuo da empresa. É ele que a inspira e que determina a precisão e a harmonia da companhia em relação a seus mercados. Não é por meio da internet que nasce o *Moku-no-chi*, pois ele não se expressa por palavras, mas pela integração dos *chi* da empresa, entendidos como os diferentes níveis de conhecimento e de sabedoria. Por sua dimensão profunda e invisível, o *Moku-no-chi* os articula, constituindo seu húmus e, ao mesmo tempo, suas raízes. Ele torna a empresa única em seu modo de agir, tratar os problemas, escolher e expressar seus valores, sua missão e sua meta. Encarna o clima do grupo e sua cultura.

A principal tarefa da gestão consiste em conhecer o *chi* do grupo, pois esse fator de especificação faz a diferença entre suas capacidades e sua produtividade em relação aos outros. É uma ilusão crer que os homens, os bens, os capitais, a informação... fazem tudo! Entretanto, pode-se amealhar a quantidade que for; não serão nada sem as competências em análise, em julgamento e sem uma filosofia que os inspire. Ora, a aptidão para identificar informações estratégicas, tirando delas o melhor proveito, depende dessa capacidade abrangente que congrega opiniões, perspicácia, clareza e decisão. Isso constitui o *chi* global da empresa, seu *Moku-no-chi* particular e corporativo. Da superioridade ou da inferioridade do *chi* de uma empresa sobre outra resulta sua superioridade ou sua inferioridade. Isso se assemelha ao que é chamado de conhecimento *corporate* no jargão internacional da gestão. Porém esse conhecimento (*chi*) próprio ao grupo (*corporate knowledge*) é bem mais importante que o conhecimento em geral ou que a própria gestão. Pela sabedoria que comporta e por se diferenciar do conformismo do meio, o *chi* desencadeia as mudanças na empresa. As teorias de Nonaka, que distinguem o conhecimento tácito do conhecimento explícito, insistem muito sobre o conhecimento digital (*digital knowledge*). Na *Kao Corporation*, dá-se preferência ao *chi* e a seus diferentes níveis através de uma abordagem filosófica que o coloca na origem e no fundamento da empresa.

Não é possível administrar nem a sabedoria nem o conhecimento propriamente ditos, só se pode preparar o solo para seu desenvolvimento.

O conhecimento é apenas uma parte do *chi*, que vai do *Mei-no-chi*, claro e transparente, ao *Moku-no-chi*, global, silencioso, inspirado e que representa a providência, o saber outorgado por deus[8] por meio da criação. Entre os dois, situa-se o *An-no-chi*, sombrio e encarnado no indivíduo, em seu *savoir-faire* próprio. O *Mei-no-chi* representa o conhecimento explícito claramente formulado pela linguagem, seja com palavras, letras, figuras ou valores numéricos, dados ou informações elaboradas. O *An-no-chi*, enfim, é o conhecimento implícito e personalizado que não pode ser expresso do mesmo modo, pois se abriga no indivíduo, em sua subjetividade, em seu *savoir-faire*, até mesmo em seu *"saber-ser"*. O *Moku-no-chi* representa o conhecimento localizado no *ba* do grupo ou da empresa. É ele que funda e que subentende cada *ba*, vai além do *Mei* (visível) e do *An* (interiorizado). O *Moku-no-chi* é constituído pelos três componentes espirituais do homem: a sabedoria, o amor e a vontade. Ele é fundamental, inerente, intrínseco e constitui o fundamento do conhecimento vital e inexprimível.

A gradação do *chi* parte dos dados para alcançar a providência, passando por informação, conhecimento, inteligência, espírito (*wit*), sabedoria e *sophia*[9]. Essa escala vai do céu à terra, de deus ao homem, da natureza à humanidade. O trabalho cotidiano articula o *Mei* (claro, explícito e coletivo) e o *An* (sombrio, tácito e individual), mas o *Moku*, profundo e global, está na origem das relações virtuosas, harmônicas e enriquecedoras para todos. Por definição, não é possível gerenciar o *Moku-no-chi*, pode-se apenas preparar o solo para seu desenvolvimento e esperar, assim, um *chi* rico, compartilhado e coletivo, uma fonte de energia positiva e criadora. O conhecimento *corporate* não é apenas uma soma de fatias individuais, ele deve ser entendido como uma esfera una, lisa e sem costura[10]. Os conhecimentos individuais são reunidos por meio do conhecimento *corporate*, o que faz mudar as coisas é o *chi*. Para que o grupo evolua, é necessário romper o quadro tradicional do *chi* manifesto, reconstruindo-o em seguida.

O método clássico da gestão do conhecimento tende a dividir o conhecimento para obter algo novo e depois reuni-lo como um *patchwork*. A abordagem Kao, ao contrário, reconhece o *chi* como a razão fundamental da empresa e se interroga sobre sua natureza com vistas a alcançar e manifestar sua substância.

A informação não pode ser um critério de diferenciação dentro do grupo. Todos devem ter acesso igual a ela.

Na Kao, aprecia-se o conhecimento e se busca multiplicar as oportunidades de troca e de confrontação. No grupo, todos os empregados têm acesso igual a todas as informações, à exceção daquelas que tangem à gestão dos recursos humanos. Qualquer um pode participar de qualquer reunião, até as mais estratégicas, e dar sua opinião[11]. A mudança é importante, e se deve evitar que os empregados dos diferentes setores se fechem em seus domínios particulares e não se questionem mais. Por essa razão, o grupo se apresenta como uma estrutura hipertextual, uma organização horizontal onde a mobilidade é fundamental. Os empregados mudam frequentemente de departamento para que não desconheçam nada do que diz respeito ao grupo.

O saber não expresso precisa de ocasiões para se manifestar, de plataformas de encontros para troca a partir dos valores comuns ao grupo. Os empregados devem refletir seriamente sobre o conhecimento de sua empresa. Mesmo que os detalhes não sejam abordados, o vetor principal da transmissão de conhecimento é o diálogo. Codificar o conhecimento e colocá-lo no papel já consiste em uma redução, um empobrecimento! É uma maneira de deformar o conhecimento tácito. O conhecimento designa um *potencial* do ser humano e sua codificação o torna logo obsoleto. Ele é próprio aos indivíduos e evolui em função da existência de cada um. Por isso, é dificilmente generalizável.

Não é possível criar conhecimento contentando-se em constituir bases de dados sem modificar a maneira de pensar das pessoas.

A introdução de conhecimento externo à empresa é essencial. É através de um *ba*, um espaço fértil de interesse comum entre os consumidores e usuários e o próprio grupo, que se torna possível uma criação de conhecimento útil. Para concretizá-la por meio de um dispositivo, a Kao implantou principalmente um sistema em três níveis: ECHO (*Echo of Helpful Consumer's Opinions*). O primeiro assegura a interface com todos os pedidos, queixas ou críticas dos usuários, que chegam à companhia sob forma de cartas, telefonemas, *e-mails*, ou pelos pontos de venda de seus produtos. Essas solicitações – em média, 250 por dia – são digitalizadas em fichas preestabelecidas com campos a serem preenchidos, de modo a serem classificadas e processadas. Esse primeiro nível é estratégico para a gestão do conhecimento e para a prospectiva. O segundo é constituído de uma base de respostas disponíveis, também digitalizadas, que os empregados encarregados da relação com os clientes podem utilizar imediatamente. A Kao atribui a maior importância ao seu envio rápido para que a frequência do diálogo não só não se esgote, mas, ao contrário, aumente. Enfim, o terceiro nível analisa as questões sem resposta existente e mobiliza, para atendê-las, as competências de todo o grupo, tanto essa relação é vital!

Pode-se facilmente imaginar a vantagem de tal sistema para a melhoria dos produtos existentes e para a criação de novos. Essa comunidade estratégica de conhecimento funciona a partir de um interesse superior e comum aos usuários e à Kao. A produção colaborativa de conhecimento ultrapassa os limites estritos da empresa e os recursos de que ela dispõe. Ela engloba em um movimento criativo as próprias competências e conhecimentos de seus clientes. Conhecendo esse tipo de dispositivo, compreende-se melhor a afirmação provocante do presidente do grupo, quando declara que o importante não é a concorrência no mercado, mas a capacidade da empresa de criar conhecimento para seus clientes. De fato, um progresso no conhecimento que faz diferença em relação à concorrência se traduz também em termos econômicos.

Marketing natural
Mayekawa

Cada equipe (doppo[12] ***) garante sua sobrevivência e seu desenvolvimento assumindo o ponto de vista do mercado, e não, o seu enquanto grupo.***

Mayekawa congrega uma centena de empresas no mundo, 80 no Japão, totalizando 2.500 empregados, sendo 2 mil só no arquipélago nipônico. O setor de atividade do grupo é uma gama de compressores e suas aplicações industriais, inclusive na alimentação. Setenta por cento da produção é exportada. Mayekawa é organizada em *doppo*, ou centros de proveito, todos com competências específicas e orientações próprias. Cada *doppo* representa uma unidade viva de 5 a 20 pessoas, não necessariamente em um mesmo estabelecimento, que podem nunca ter se encontrado. Elas têm, entretanto, um funcionamento harmonioso. Cada equipe trabalha simultaneamente em sua área, mas também de maneira transversal com outras em torno de um projeto. Essa flexibilidade permite aos *doppo*, ou a alguns de seus membros, convergirem especificamente e por um certo tempo para um objetivo pontual de mercado. A consciência dessa dimensão superior permeia a organização, e essa visão global (*whole element*) torna seus membros ativos e em parte polivalentes, o que é um fator de dinamização e de criatividade não desprezível.

Mayekawa inspira-se na visão do consumidor para definir suas atividades. A partir dessa percepção global, a empresa determina os produtos e serviços que lançará no mercado, integrando sua comercialização e até sua reciclagem. A esse sistema de produção, denominado *total system*, corresponde um *social system*, que leva em conta as necessidades da própria empresa. O *total system* é apenas uma parte da "visão de mundo" do mercado consumidor; trata-se de um modo de organização fundado nos *doppo* e em suas capacidades de ordenamento em função das necessidades que vão surgindo. O *social system* se estende à sociedade como um todo com a preocupação de um interesse coletivo duradouro. Nessa perspectiva, a questão da gestão do lixo, que incumbe às administrações públicas, faz parte da responsabilidade da empresa[13], que deve fornecer uma resposta harmônica e permanente.

A explicação formal e explícita é um processo lento. A criação passa pela comunicação imediata e pela necessidade de compartilhar.

Mayekawa reconhece não obter grande rendimento na formação de seus funcionários, mas reivindica uma excelência em sua capacidade para ativá-los a partir de seu *ba*, de sua visão de mundo e de seu posicionamento de empresa responsável. Explicar algo formal e detalhadamente é um processo lento e limitado, pois nunca se sabe se a mensagem será assimilada e se terá efeito ou não. A comunicação e a criação supõem, ao contrário, a participação imediata, a escuta e a necessidade de compartilhar. Na empresa, a filosofia é o que é explícito e relacionado à vida de todos os dias, enquanto a cultura remete às raízes, ao mundo sagrado (*holly world*), ao conhecimento tácito, à visão e à maneira como o mundo é visto e percebido. Não há separação real entre as raízes pouco visíveis dos *doppo* e sua manifestação sob a forma de atividades e de produtos. Existe uma continuidade que vai dos fundamentos aos mercados, e esta se alimenta de conhecimento tácito e de percepções comuns.

Mayekawa distingue duas formas de *marketing*. O *natural* se origina na comunicação com os clientes e suas necessidades, ao passo que o *artificial* se focaliza exclusivamente na venda de produtos, quer correspondam ou não a expectativas. A questão exclusiva de como vender diz respeito a uma abordagem pobre e limitada que gera lixo, pois não se preocupa com o ciclo da matéria do que é fabricado e vendido. No *marketing* natural, focam-se os estilos de vida (*living styles*) para criar em conjunto, a partir das necessidades do mercado e dos usuários, produtos novos e vivos (*fresh baked markets*). A noção de ciclo não termina nem na produção nem na entrega, mas vai além da história do produto, de seus usos e do fim de sua vida. Diferentes estratos vão do natural ao artificial e pode-se passar de um a outro como os artistas ou pintores. A Mayekawa não se considera distinta do meio ambiente, mas uma de suas entidades vivas (*living entity*), numa relação não unilateral. Pensar no *eu* isola e predispõe à luta, ao passo que a harmonia está no *nós*. Desse modo, a Mayekawa não age só, mas *com* o ambiente, o que lembra um princípio maior do pensamento estratégico tradicional chinês.

O espírito samurai
Musashino

O conhecimento da empresa não se discute; é executado em atos e é partir disso que é sentido.

A organização Musashino é especializada em limpeza industrial e atividades derivadas; emprega 360 pessoas em turno integral e 240 em meio turno. Já recebeu vários prêmios, como o *Knowledge Management Society of Japan*[14] e o *Primeiro Prêmio de Qualidade no Japão*. Para esta empresa, o conhecimento é a força motriz dos negócios. Ele não se transmite pelo ensino, mas pelo que se chama de *ba of chi*[15], que combina o conceito de espaço compartilhado (*ba*) e de conhecimento-sabedoria (*chi*) e se traduz por uma comunidade fértil para a criação de conhecimento. Nessa pequena empresa muito inovadora em termos de gestão, a mudança não deve ser discutida, mas acompanhada tal como se apresenta! É mais importante pensar do que agir para concretizar os objetivos e as possibilidades da empresa. A atitude de todos deve ser positiva e voluntária, pois sendo uma pequena empresa, ela não pode esperar que as condições evoluam de maneira favorável e que se tornem excelentes e propícias antes de agir.

O mercado nunca espera que estejamos prontos, e as empresas que não se harmonizam com as condições do mercado desaparecem. Conhecimentos, valores e patrimônio intelectual são investidos nesse sentido. Apoiando-se nesse *ba of chi,* as modificações do meio são sentidas tais como se apresentam e se muda com elas, aproveitando essa energia. Por conservadorismo, os empregados recusam-se a evoluir, e é preciso inventar remédios eficazes contra essa tendência. Não é estudando ou por meio de uma formação, aqui e ali, como nas grandes empresas, que os empregados se adaptam e antecipam; a solução repousa na realidade de uma *reatividade total* às modificações das circunstâncias. Trata-se de uma aprendizagem pela ação. Quando o presidente pede aos empregados que façam algo, eles executam, ou então deixam a sociedade. Cada um pode pensar o que quiser, ter a religião que bem entender, mas não, questionar os valores da empresa; estes devem ser compartilhados. Ora, o primeiro deles é a satisfação dos clientes!

Ao invés de fuzis, munições. Um fuzil só pode ser vendido uma vez, ao passo que as munições sempre são necessárias.

Essa imagem impregna a Musashino na relação com seus clientes, aos quais ela deve fornecer serviços de modo permanente e renovado. Uma pequena empresa não pode se permitir erros como as grandes. Diante de uma competição temível e para não desaparecer, é necessário adaptar seu estado de espírito e fazer disso uma regra, um imperativo. A gestão do conhecimento se inscreve em uma comunicação particular com os clientes. A Musashino criou o *management book* como uma ferramenta que registra, internamente e para todos, as orientações essenciais da empresa, e todos os empregados devem conhecê-las. Por não ser possível a uma pequena empresa recrutar pessoas de alto nível de instrução e de qualificação, a exposição é detalhada: neste livro se encontra a informação necessária sobre a organização, tornando visível seu funcionamento, e mesmo a agenda e os compromissos do presidente. Os empregados consultam-no diariamente e nele encontram a visão, os valores e os objetivos da empresa. Ocorrem regularmente discussões em grupo sobre seu conteúdo, que se baseia em estudos de casos reais, sendo que os mais instrutivos vêm dos fracassos, e não, dos sucessos. A aprendizagem pela análise dos insucessos é excelente, e assim o *management book* se aperfeiçoa de ano em ano. Quando apresenta erros, o presidente e os empregados dedicam-se a corrigi-los. Apoiado nesse êxito interno, a Musashino vende atualmente esse conceito de *management book* para outras empresas.

Em uma organização, o consenso é incontornável, todas as decisões devem ser tomadas por unanimidade!

Para desenvolver um senso de responsabilidade, o gerente indica as grandes orientações, a visão e as necessidades, e os empregados refletem por si mesmos e utilizam seus conhecimentos para alcançar seus objetivos individualmente. A referência maior é o trabalho com os clientes. Na empresa, quando erros patentes são cometidos por um grupo, seu bônus global e o dos empregados envolvidos é cortado! Esse bônus é calculado a partir de uma escala que vai de 1 a 132, até mesmo a 160 para os melhores. Todos os empregados produzem memorandos, colocados em painéis dentro da empresa (*ba of chi*) e agrupados por tema. Esses memorandos originam discussões, e os empregados decidem a melhor atitude a tomar em relação a um problema ou ao aperfeiçoamento de um processo. Sobre uma questão específica, enquanto não se atingir o consenso, eles permanecem na empresa, sem voltar para casa! Pode levar cinco dias e noites até que a unanimidade seja alcançada. Em seguida, o grupo fica coeso e a execução é imediata[16].

Bee-strategy: *a estratégia das abelhas, e não, a da aranha. Não é o cliente que vai procurar o fornecedor, mas o contrário!*

Para definir sua estratégia, Musashino toma como modelo as abelhas, e não, a aranha, que espera o negócio, a presa, depois de ter feito a teia. Uma pequena empresa não pode esperar o cliente, deve buscá-lo como as abelhas, que vão procurar o pólen e informam umas às outras os melhores destinos e itinerários. Quando se espera que os negócios cheguem por si mesmos, não se pode nem planejar nem estabelecer os calendários de objetivos. Na Musashino, os centros de proveito são separados, mas cada um deve se esforçar para contatar novos clientes e desenvolver novos serviços. Os empregados aprendem na prática e formam uns aos outros. Inventam e executam inovações, principalmente no uso das tecnologias digitais, amplamente utilizadas em tudo o que tange às infraestruturas e trocas internas. Os empregados possuem telefones celulares, e os novíssimos telefones PDA permitem uma interação permanente entre eles e com a sede da empresa. Porém, quando se trata de relações estratégicas essenciais e com os clientes, Musashino privilegia a comunicação analógica à digital. O contato humano, o face a face, é insubstituível, pois no tecnológico sempre resta uma certa distância.

As grandes coisas raramente acontecem, mas as pequenas são mais fáceis, pois se encontram ao alcance da mão. Seu efeito cumulado é promissor.

O sistema de cartões de agradecimento (*thanks cards*) alimenta a gestão do conhecimento na empresa. Cada empregado, da base ao topo da pirâmide, tem a possibilidade de oferecer um *cartão de agradecimento* a qualquer pessoa de dentro ou de fora da empresa que, de seu ponto de vista, tenha contribuído para a melhoria da situação e dos negócios da empresa. Pode ser uma observação pertinente em relação a um cliente, uma maneira de agir, um comentário, uma sugestão astuciosa ou uma ideia inovadora e proveitosa. Para fazê-lo, utilizam-se cartõezinhos do tamanho de um cartão de visita, mas também se pode recorrer a cartões postais, fax, *e-mails* ou SMS. Dentro da empresa, os grupos onde circulam muitos cartões de agradecimento recebem prêmios, bônus coletivo e também individualizado. Os que distribuem cartões são igualmente distinguidos, pois demonstram assim a atenção dedicada às ações dos outros e à integração dos valores da empresa. Essa sensibilidade em ação, assim como as boas sugestões e boas práticas, são recompensadas com dinheiro líquido.

Apesar de os presidentes de empresas japonesas fazerem geralmente pouco caso de seus empregados, na Musashino, ao contrário, o patrão pode demonstrar sua admiração por um empregado quando estima que este realizou algo notável que contribui para o desenvolvimento global. Os que não distribuem cartões são penalizados! A cada ano, doze mil cartões são trocados, em média. Durante a entrevista realizada com o diretor-presidente da Musashino, tendo o vice-presidente da KMSJ como intérprete para o inglês, o autor deste livro recebeu um *thank card* por ter explicado a um jornalista francês que participava do encontro a lógica da estratégia da abelha: *bee* (abelha)-*strategy* e, ao mesmo tempo, *be* (ser)-*strategy*.

Notas

1. Ver p. 75.
2. *L'Éloge de l'ombre, op. cit.*
3. Agora da Renault.
4. Essa referência ao "código genético" da empresa remete à filosofia dos *kami*, forma japonesa de animismo. Nos *dojos* onde se praticam as artes marciais

japonesas, a foto do fundador na parede de honra (*kamiza*) encarna sua presença.
5. *Slogan* criado pelo fundador do grupo.
6. Esse conceito foi sugerido pelo autor durante o *Tokyo Knowledge Forum*, organizado pela *Knowledge Management Society of Japan*, em março de 2005, em Tóquio. Ele associa conhecimento e sabedoria com a terminação *do*, que indica o caminho. Retomaremos esse conceito na conclusão deste livro.
7. A *Kao Corporation* situa-se no setor de cosméticos e produtos de limpeza.
8. Lembrete: *deus* não deve ser entendido no sentido das concepções monoteístas das religiões reveladas, mas como um princípio vital original que se manifesta sob uma miríade de formas através do *ki* (energia vital) e que é fundamentalmente atemporal.
9. Esta formalização é utilizada tal qual na Kao. Pode-se pensar que isso faz sentido em termos de nuances em japonês, mas sua tradução para o francês, ainda mais através do inglês, não é muito fácil.
10. Para demonstrar essa diferença, Kao recorre à comparação de dois balões: um de borracha, liso e uno, o outro constituído de fatias de papel reunidas e que, por isso, é cheio de costuras e de ruptura, e não recomendado.
11. Convém moderar este princípio manifesto levando em conta as particularidades da sociedade japonesa e o profundo senso de responsabilidade de cada um.
12. Palavra impossível de ser traduzida; parece ser uma criação própria de Mayekawa, não tendo equivalente em francês ou inglês.
13. O método de implantação não foi exposto. A entrevista com Mayekawa foi feita em japonês com uma tradução em inglês.
14. Esse prêmio foi compartilhado com a empresa Nippon Roche, cuja experiência em KM é mencionada adiante.
15. Esse conceito foi criado pelo vice-presidente da KMSJ, Tomohiro Takanashi.
16. Ver *Sen-no-sen* no Capítulo 1.

5

Espaço

Just-in-time
Combinis

As lojas de conveniência ("combini"), como facilitadores da vida urbana, oferecem produtos selecionados em função das necessidades do lugar em que elas se encontram e do momento do dia!

No Japão, o desenvolvimento acelerado das lojas de proximidade com não mais de 50 metros quadrados de superfície reatualiza e supera a função dos minimercados de bairro, seguindo um modelo inovador que comporta um forte componente de gestão do conhecimento. Em algumas dezenas de anos, surgiram verdadeiras cadeias, multiplicando as franquias a tal ponto que é raro hoje em dia estar a mais de algumas centenas de metros de distância de um *combini* ou *convenient store* em Tóquio. Essa explosão é regulada por uma atenta vigilância das necessidades evolutivas da clientela urbana em termos de produtos e serviços particulares ao longo do dia, pois, nos *combinis*, a mutação das prateleiras é contínua. A antecipação *just-in-time* e o atendimento às necessidades específicas de cada momento do dia, onde e quando elas surgem, é o verdadeiro princípio de seu gerenciamento em uma lógica de flexibilidade total. A saga dessa fórmula traduz na prática esta característica *budo*, segundo a qual *o fim está nos meios*. A concentração no *percurso* é mais decisiva que o objetivo a ser alcançado, pois quem caminha com pertinência alcança consequentemente seu objetivo.

Um *combini* é um facilitador da vida urbana tanto para os habitantes de um determinando bairro quanto para os que transitam nele diariamente. Pode-se dizer, em última instância, que um *combini* não tem *a priori* produtos ou serviços específicos, pois se define em função das exigências ditadas pelo meio humano e social no qual se encontra geograficamente localizado. Como a água, diria Sun Tzu, ele se molda às necessidades ligadas aos modos de vida na megalópole de Tóquio. Conforme o que precisa determinada população, encontram-se em um *combini* produtos alimentícios, pratos prontos, microondas para esquentá-los e até mesas para consumi-los. Além de jornais, revistas e DVDs, é possível também recarregar o celular, fotocopiar documentos, revelar fotos digitais, comprar pilhas, absorventes higiênicos, envelopes... Cada fórmula se adapta às particularidades de seu bairro, o que pressupõe uma aguda capacidade de observação e de criação de conhecimento operacional sobre o ambiente no qual ela se encontra. Assim, alguns *combinis* são preparados para receber *salary-women* para se maquiar ou se trocar antes ou depois do escritório. Outros dispõem de caixas automáticos ou permitem reservar e comprar entradas para espetáculos, bilhetes de trem ou de avião, pacotes de férias...

Uma gestão em fluxo contínuo a partir de um centro informatizado que acompanha, em tempo real, as vendas no varejo graças à leitura dos códigos de barra.

A tecnologia e a gestão *on-line* desempenham um papel estratégico no funcionamento dos *combinis*. De manhã bem cedo, as prateleiras são abastecidas de *croissants* de chocolate, de latas de chá verde, de *cappuccinos*, de sopas e de tudo que possa ser necessário entre a saída do metrô e a entrada no escritório. Um pouco antes do meio-dia e após pequenas adaptações ao longo da manhã, acontece nova movimentação para o almoço, e assim sucessivamente até o jantar, até mesmo a noite inteira, pois muitos deles ficam abertos 24 horas por dia! O que o espaço, limitado, não permite é compensado por uma rítmica acelerada e adaptada, auxiliada pela excelência de uma capacidade de entrega feita por pequenos veículos que, saindo das grandes artérias, se esgueiram pelas ruas estreitas de Tóquio. Como uma perfeita aplicação de *sen-no-sen*, a frequência dos microrritmos cria o espaço necessário à sucessão dos diferentes produtos.

Tudo é administrado em fluxos contínuos a partir de um centro informatizado para o qual convergem os dados de todos os *combinis* graças à leitura ótica de códigos de barra das mercadorias. A transmissão em tempo real possibilita reações imediatas, pois os veículos de entrega são dotados de meios de transmissão. Além disso, os vendedores acrescentam manualmente, digitando nos teclados das caixas registradoras, informações sobre a idade ou o sexo de seus clientes para enriquecer a base de dados. O abastecimento das prateleiras é feito várias vezes ao dia, e a memória informática elimina dos balcões os produtos que não circulam. Conscientes da estratégia do *combini*, gerentes e empregados ficam atentos ao que se passa nesses espaços restritos, observam, consignam e acomodam permanentemente. Essa fluidez sensível acolhe os sinais mais tênues sem preconceitos, sem querer forçar seu curso atribuindo um sentido a qualquer preço ou confirmando julgamentos *a priori*. É o dispositivo em si mesmo e em seu funcionamento global que criam o conhecimento operacional que regula, faz crescer e viver o sistema.

Comunidades estratégicas de conhecimento que reúnem atores de natureza, função e tamanho diferentes a serviço da melhoria da vida urbana.

Recentemente, surgiu uma curiosa associação em alguns *combinis* a partir da constatação de um problema elementar até então sem solução! Os horários de abertura das repartições públicas correspondem também aos horários de trabalho das populações urbanas assalariadas. Por isso, os assalariados têm dificuldade para buscar formulários ou entregá-los durante a jornada de trabalho. Uma coisa levando à outra, um encontro natural se estabeleceu entre as repartições públicas e essas cadeias privadas para implantar um dispositivo que permitisse aos *salarymen* buscar, preencher e entregar documentos oficiais por intermédio dos *combinis* a qualquer hora do dia! Não existe a menor sombra de preconceito ideológico quanto à mistura dos gêneros, já que o objetivo comum consiste em facilitar a vida e o funcionamento social. Dentro desse espírito, o serviço público – cuja continuidade é garantida – e a empresa mercantil unem-se harmoniosamente a serviço dos cidadãos, que também são consumidores.

Com os *combinis*, estamos longe de uma mera versão modernizada dos minimercados de bairro. A focalização na gestão e a criação contínua de conhecimentos operacionais benéficos para todos geram serviços adaptados. Tacitamente, temos aqui uma forma de comunidade estratégica global que reúne, em torno do objetivo mobilizador da facilitação da vida urbana, atores de natureza, estatuto e envergadura diferentes, reforçada em seu funcionamento pelo aporte das tecnologias da informação e de um sistema de comunicação performante a serviço da melhoria da vida urbana.

Certos *combinis* de bairro desempenham um papel importante também para as pessoas da terceira idade, que neles veem um espaço de encontro e de vínculo social. É acompanhando os movimentos evolutivos dos moradores e dos *salarymen* que essas *lojas de conveniência* têm sua razão de ser, não *diante* de seus clientes alvos, mas *com* eles! O conhecimento produzido serve a todos. Quanto à competição entre as cadeias de *combinis*, a pertinência, a rapidez e a capacidade de produzir informações que darão origem aos produtos e serviços solicitados pelo mercado fazem a diferença.

A energia mobilizadora

Kyoto Tool Company (KTC)

O Museu da KTC é como um* ba, *um espaço relacional, mas também de trabalho com os clientes. Nele se abordam conjuntamente as condições de uso das ferramentas e até sua "psicologia"!

KTC é uma empresa produtora de ferramentas para companhias automobilísticas como Toyota, Nissan ou Honda, assim como para fabricantes de motos e de ciclos. A companhia tem suas raízes históricas na indústria têxtil, com uma longa tradição de excelência que lhe vem também da qualidade dos materiais que emprega. Ela colabora diretamente com os produtores para conseguir os melhores metais, mesmo que isso reflita no preço final. Uma das características da KTC é a integração de uma ponta à outra da cadeia: "das máquinas que produzem as ferramentas às próprias ferramentas". Para fidelizar seus clientes – sua preocupação principal –, a empresa pensou por muito tempo que bastava qualidade para fazer diferença no mercado. Depois, percebeu que precisava ir mais longe e optou por investir em sua imagem e reputação. Esse processo levou à abertura do *Monozukuri Museum*, ou *Making Things Museum*, que articula um *showroom*, uma política de recepção aos clientes e usuários, com uma campanha publicitária sobre a marca, mantendo uma estrita preocupação com a relação investimento-rentabilidade. Essa estratégia busca mostrar e explicar ao público a realidade e o *savoir-faire* histórico e atual da empresa.

O museu, que é também um prédio de trabalho, representa um *ba*, um espaço de colaboração com os clientes e visitantes da empresa. No tempo que ali passam, eles recebem informações mais precisas sobre as diferentes maneiras de utilizar as ferramentas, sobre sua gênese, sobre as exigências da produção... Os jovens e os estudantes têm muita curiosidade pela descoberta desta verdade física da fabricação, do barulho, do calor, da realidade das tarefas e da evolução da empresa desde sua origem. Inúmeras escolas de Kyoto e mesmo de fora vêm visitar regularmente as instalações da KTC. Quando a companhia pensava em mudar a fábrica e modificar sua imagem na comunicação com o público, ficou surpresa ao constatar que é precisamente essa autenticidade que as escolas querem descobrir *in loco*. "Deve-se sempre buscar o essencial e ir sistematicamente além das aparências", professa o gerente da empresa. Esse museu tornou-se uma referência útil para a vida social e também um instrumento – como acontece com os bombeiros, que se servem dele para conceber e testar roteiros de intervenção em situação de crise. A KTC convida seus melhores clientes a sessões *hands on* e *DIT (Do It Yourself)* para compartilhar sua paixão pelas ferramentas, principalmente em uma oficina aberta de manutenção de um carro de corrida, em torno do qual laços afetivos se criam graças a uma experiência vivenciada e compartilhada.

Como os empregados passam uma grande parte da vida na empresa, o espaço deve ser agradável para todos.

O prédio do museu não representa um monumento de celebração do passado; bem pelo contrário, trata-se de um ponto de partida para as próximas décadas da KTC. Ele é o resultado do trabalho de cinquenta grupos de projetos dentro da empresa. Sua concepção, sua organização e seu *design* se fizeram passo a passo, ao longo de um processo e em função do avanço das discussões desencadeadas globalmente e dentro de cada projeto. De modo espontâneo, os empregados se envolveram diretamente na concepção dos diferentes espaços: da cozinha, sala de refeições, sala de formação.... até o jardim no telhado do imóvel. Cada um deu toda atenção aos detalhes para que a realização fosse a mais satisfatória e eficaz possível, para que todos se sentissem bem ali. A altura dos degraus das escadas foi calculada para facilitar a subida e a descida. Na intimidade das *toilettes*, uma iniciativa individual permitiu a criação de uma instalação *ad hoc* para que os telefones celulares não caíssem onde não são bem-vindos.... Pode-se lavar as mãos sem temer molhar os dossiês que se carrega, pois uma prateleira foi pensada para isso. Antes da entrada da pequena sala de refeições para os VIPs do museu, um espelho colocado à saída da cozinha permite que os garçons verifiquem o uniforme antes de entrar no campo visual dos convidados.

A luz tem grande importância, e as cores das paredes foram escolhidas em função da finalidade específica dos espaços, ou seja, das emoções próprias à especificidade das atividades. Onde é preciso ser ativo, predomina o vermelho; o azul é mais propício à inspiração; a contabilidade é verde-claro... O efeito das estações também é levado em conta porque isso influi na atmosfera de trabalho. Esses processos criativos não perdem de vista as necessidades profissionais de cada espaço. Um grupo de projeto concebeu um cabide que não pode servir de cabide, mas tem uma forma tão estranha que leva infalivelmente os clientes a manifestarem sua surpresa e fazê-los falar, o que descontrai o ambiente e contribui para instaurar uma relação amistosa. O jardim situado no telhado do museu foi desenhado e concebido por um grupo de quatro empregados, que continuam a cuidar dele e que o assumiram por vontade própria. Ele comporta mais de 50 espécies de plantas e serve de local para os eventos sociais em torno de um churrasco. Diante do sucesso dessa iniciativa, a KTC pensa em estender essa *instalação natural* aos telhados dos outros prédios da empresa e, talvez, até mesmo aos seus ambientes imediatos, até a via expressa que margeia suas instalações.

Na KTC, toda situação de trabalho é um show case e os empregados sabem que podem ser observados a qualquer momento pelos clientes.

A criação do museu recebeu um prêmio nacional, e esse reconhecimento foi compartilhado com os empregados. O conjunto dos processos que levaram à concepção do prédio e de seus espaços foi registrado com a menção a todos os participantes de dentro ou de fora da empresa. Esse documento digital auxilia muito os guias das visitas. Assim, eles dispõem de referências históricas sobre essa criação cujo resultado se traduz no espaço, pois tudo foi pensado com muito cuidado e envolvimento pessoal. Os visitantes compartilham dessa atmosfera, mergulhando no *ba* do qual sentem fazer parte, e essa dinâmica é benéfica para todos, empregados e visitantes. Para a KTC, trata-se de um recurso estratégico único definido ao longo do tempo e pelo qual o encontro com o *outro* é privilegiado. O efeito disso sobre a gestão e a qualidade das relações humanas internas é muito grande. Devido à expansão e à concorrência chinesa, a empresa está atualmente se questionando sobre as próximas escolhas. Durante a entrevista, um estranho silêncio seguiu a evocação dessa questão ainda sem resposta.

Fluidez total
Toyota Industries

Um ambiente criativo de conhecimento (knowledge creative space) deve estar em harmonia com o meio ambiente. Fundar novas práticas de negócio sobre o conhecimento, sua geração e seu compartilhamento supõe novos estilos de trabalho.

O prédio utiliza o princípio do *shoji*[1], que filtra a luz externa, regula seu fluxo com graus variáveis de abertura e de comunicação. Aqui, tanto a iluminação natural quanto a artificial é difusa, jamais direta. O sol penetra suavemente, e um dispositivo de captação de energia solar está instalado no teto. Uma boa relação com o meio ambiente é essencial. Em qualquer lugar do prédio, mantém-se contato visual, até mesmo sensorial, com o exterior: o parque ao redor, as cores mutáveis das estações, as árvores em flor, o riacho, a pontezinha, o viveiro... Essa concepção inspira-se nas ideias de Nonaka, e o resultado é um espaço interno onde predominam as linhas horizontais para ficar em harmonia com o meio ambiente. Os estacionamentos não são visíveis, mas subterrâneos, pois a vegetação foi privilegiada.

As comunidades estratégicas de conhecimento, que dão flexibilidade e maleabilidade às organizações, devem ser introduzidas e desenvolvidas de um ponto de vista concreto, e não, somente teórico. A criatividade é favorecida e ampliada por novos estilos de vida. Como o saber está na origem do valor, é preciso compartilhá-lo. A qualidade do contexto favorece o *ba* em três dimensões: física, virtual, através das tecnologias da informação, e híbrida, quando combina as duas anteriores em um *ba* sintético. Duzentas pessoas trabalham neste prédio piloto da Toyota em Nagoya, concebido como um quadro experimental para modificar os modos de ser e de trabalhar de todo o grupo industrial. Antes, a maneira de pensar e de agir era compartimentada e separada; esse novo prédio, ao contrário, é concebido como um *ba* em si!

Este local-piloto dispõe de três níveis, além do estacionamento. O térreo é uma zona aberta de encontro com os fornecedores, comportando um *showroom* e salas dedicadas ao trabalho nos projetos em colaboração. Ali, o conhecimento é compartido com os parceiros do grupo. Tudo é feito para reforçar a dimensão tácita do compartilhamento com os clientes e fornecedores no âmbito de uma organização flexível, onde predomina a relação personalizada; a cor das paredes é acinzentada para não chocar a comunicação. No segundo andar, situa-se o *Global Data Center* e, no terceiro, concentra-se o espaço criativo de conhecimento. A ausência de paredes fixas e a prática do escritório sem papel favorecem o trabalho colaborativo. Se necessário, painéis móveis isolam uma equipe de engenheiros, e salas abertas, mas periféricas, possibilitam encontros específicos sem criar um espaço estanque físico brutal. Apartado do restante, um local específico e sem telefone – cuja temperatura é propositalmente um pouco mais baixa – favorece a concentração individual quando necessário. Por toda parte, a escolha das cores, da exposição, das superfícies e dos materiais é determinada pela destinação dos espaços: a cafeteria, por exemplo, tem uma ampla abertura para o parque. O prédio funciona 24 horas por dia; conta com um altíssimo nível de segurança e de reconhecimento das pessoas e, evidentemente, com um sistema antissísmico.

O espaço favorece a fluidez e deve ser operacional tanto para a comunicação e a colaboração quanto para a concentração.

Tudo deve ser feito para que as pessoas se sintam à vontade no trabalho e encontrem o que procuram para os projetos em andamento. Zonas de relaxamento ou de concentração estão disponíveis para todos, o mobiliário e a organização tecnológica são adaptados às tarefas e ao pessoal envolvido. Qualquer empregado está sempre acessível física ou virtualmente, em que pese sua ocupação no momento. O índice de satisfação dos empregados nesse ambiente de trabalho é um dos mais altos do grupo. Esse centro piloto é bastante visitado pelas outras divisões e departamentos da Toyata e serve de fonte de inspiração para os outros. Mais do que ensinar o método, é importante que os visitantes sintam a atmosfera do lugar, que nele passeiem livremente e se impregnem de seus princípios, pois o prédio é um *ba* em si mesmo. O que se chama de *gemba* remete ao campo, à prática, ao que é real no presente, aqui e agora, e não é conceitual. Já o *ba* remete à consciência, mas ambos têm uma dimensão emocional fundamental. Reencontramos aqui as concepções do filósofo Kitaro Nishida sobre a percepção e a experiência vivenciada.

O modelo *SECI* no espaço

Hitachi Naka Division

A organização da Naka Divisão se estrutura em torno da ideia de "pensar conjuntamente em um espaço aberto".

A organização espacial do prédio principal da *Naka Division* da Hitachi, em Mito², retoma o modelo SECI de Nonaka a tal ponto que os espaços de socialização (S), de exteriorização (E), de combinação (C) e de interiorização (I) são indicados no chão e na repartição dos escritórios. Antes, a organização era fixa, compartimentada, e tudo se distribuía em torno da necessidade das tarefas a serem realizadas (*to get things done*). Agora, o contato visual entre os empregados é fácil, e a altura das paredes que separam os escritórios, assim como sua disposição, permite que cada um tenha uma vista panorâmica dentro de um espaço aberto. Os obstáculos foram suprimidos e é possível perceber todos os movimentos à frente e ao redor de cada um dos funcionários. Enquanto se trabalha, faz-se parte do conjunto e tem-se a sensação de estar mergulhado nesse ambiente. Antes, quando alguém batia no ombro de um colaborador, este se sobressaltava, pois não podia ver o outro chegando. Os empregados ficavam isolados uns dos outros. A escolha de cadeiras giratórias e o ângulo de 120 graus entre as mesas dos escritórios criam a possibilidade de se relacionar com seus vizinhos de modo fácil e espontâneo, sem um confronto visual. Todos esses elementos contribuem para a constituição de um verdadeiro *ba,* e novas maneiras de trabalhar resultam disso. A avaliação dos resultados dessas mudanças não é evidente, mas indicadores confirmam a pertinência dessas escolhas. Entre os engenheiros, isso se traduz por uma mudança na atmosfera e no estilo de trabalho. Dentro da divisão, as relações são muito diretas, e qualquer um tem acesso até mesmo à caixa de correspondência do diretor, se tiver algo "útil" a lhe dizer. O diálogo é aberto e a franqueza é essencial, assim como a honestidade e a confiança, que devem ser tão compartilhadas quanto os conhecimentos. O uso do papel foi limitado em proveito de um recurso sistemático às tecnologias da informação, que centralizam o novo conhecimento, tornando-o disponível para todos.

A colaboração com os parceiros externos no âmbito de um ba *representa hoje a bússola da Naka Division.*

A troca de conhecimento com os clientes é uma condição indispensável ao trabalho colaborativo. Os jovens engenheiros são mais reativos que os antigos, têm muitas expectativas quanto ao futuro e suas relações com os clientes são alvo de todas as atenções da alta administração. Na *Naka Division* da Hitachi, os clientes são convidados a virem testar, eles mesmos, os aparelhos científicos de medida[3] com as amostras que trazem. Esse diálogo direto ocorre também por ocasião das visitas de suas empresas e de seus laboratórios porque os engenheiros da Hitachi podem passar até seis meses por ano em uma empresa cliente.

Essas interações são muito importantes para a definição de novos materiais e contribuem para tornar a *Naka Division* sensível às necessidades e às expectativas da clientela. O *showroom*, chamado de *aquarium* porque os aparelhos de medida ficam atrás de paredes de vidro, constitui um componente do *ba* compartilhado com os clientes. O tempo passado com eles nesse espaço relacional em torno das tarefas de medida é essencial. Acontece também de pesquisadores do setor público solicitarem a divisão; ora, seu tempo é raro e caro. O trabalho com os parceiros externos, na esfera e na perspectiva de uma produção real de conhecimento, representa hoje a verdadeira bússola da cidade de Mito e da Hitachi. Numerosas companhias em todo o mundo são excelentes nas áreas de atividade da divisão, e tudo isso é acompanhado regularmente, criando um desafio permanente.

A gestão intermediária

Fujitsu Ltd

Os recursos humanos desempenham um papel determinante na gestão do conhecimento. Todo empregado do grupo deve poder ter acesso às informações em tempo real.

No grupo, todo empregado deve poder ter acesso aos conhecimentos em tempo real. Os recursos humanos representam um papel determinante nisso, e as tecnologias da informação otimizam os processos. Elas permitem que não seja preciso reinventar o que já foi encontrado e validado anteriormente. A livre disposição da documentação técnica preza o que já existe; disso resulta uma mudança de atitude, pois a gestão do conhecimento se integra às práticas de cada instante e modifica em profundidade os estilos de trabalho. As espirais virtuosas de criação e de troca de informações que se estabelecem dentro do grupo se traduzem pelo compartilhamento, pela reutilização e pela geração de novos valores. A aplicação da gestão do conhecimento levou a Fujitsu a substituir o modelo hierárquico tradicional *top-down* por uma focalização no gerenciamento intermediário (*middle management*). É a partir desse escalão médio que se desenvolve uma abordagem para cima e para baixo (*up and down*)[4], porque este nível reforça a solidez da dinâmica global e garante a participação de todos a serviço das finalidades da Fujitsu.

Fonte de competitividade essencial, o conhecimento é sistematicamente acumulado e compartilhado ao longo dos projetos e das missões, pois a qualidade dos serviços repousa sobre sua qualidade. Na Fujitsu, a gestão do conhecimento faz parte de uma estratégia corporativa prioritária, declinada no programa *SolutionNET* para os engenheiros de sistemas e *MyOffice* para o pessoal administrativo. Uma capitalização descentralizada permite que cada departamento o utilize para se transformar em organização aprendiz. A gestão do saber enriquece o capital e a propriedade intelectual do grupo. A referência ao modelo SECI de Nonaka para distinguir as empresas japonesas e as empresas americano-europeias é pertinente. O compartilhamento da informação é um desafio permanente para a empresa, assim como a redução da duração dos ciclos entre a criação de conhecimento, sua disseminação interna e seu uso.

A gestão do conhecimento se declina primeiramente sob a forma de questões.

Como criar conhecimento por meio das interações com os clientes, concentrando-se em sua cultura e em seus pontos de vista? Como reutilizar os conhecimentos disponíveis ao invés de reinventar tudo? O gerenciamento intermediário tem um papel essencial nessa orientação, pois representa um elemento central de conectividade tanto para o topo quanto para a base da empresa, principalmente através da intranet. Seguindo as teorias de Nonaka, a Fujitsu parte da constatação de que o conhecimento é produto das competências e dos relacionais cotidianos, mas que sua ausência de formalização limita sua captação. Na origem, o conhecimento é invisível e disseminado, e é preciso criar condições favoráveis à sua socialização para encontrá-lo e reuni-lo. O gerenciamento intermediário, presente por toda parte, garante essa função essencial sobre as articulações internas ao grupo. Reuniões periódicas visam a identificar e a promover as melhores práticas. Isso passa por audições regulares, avaliações constantes, bem como pelo recenseamento dos principais problemas. Para a Fujitsu, o conhecimento não é uma varinha mágica (*silver bullet*), ele é adquirido no lugar em que é criado, e é a partir dessa constatação que se gerenciam e se divulgam os novos conhecimentos. Ele resulta de questões levantadas diariamente para melhorar os processos e para inovar.

Todos os tipos possíveis de formulação do conhecimento são aceitáveis na Fujitsu. Não cabe se limitar e depender de padrões particulares. A abordagem incremental é a melhor: começa-se pequeno e vai-se crescendo, mantendo-se flexível e baseando-se na disponibilidade de redes rápidas e seguras para todos os participantes. No grupo, a gestão do conhecimento se declina por intermédio de programas mobilizadores que recobrem linhas de produtos e serviços. A Fujitsu articula e estrutura os níveis e a dinâmica da aquisição e da difusão do conhecimento em seus modos de funcionamento. Com *The Framework of SolutionNET*, a empresa se transforma em organização aprendiz. O programa *ProjectWeb* (*Everything on the Intranet*) otimiza a arquitetura da intranet para fazer dela uma ferramenta interna de trabalho poderosa a serviço da relação com os clientes, que também passa pela internet. *Sharing knowledge among Projects* cria e torna cada projeto individual acessível na intranet; esse sistema de acumulação garante o registro dos processos anteriores e em andamento.

Project Management Based on WBS é um sistema de gestão intranet de acompanhamento dos projetos que aproveita experiências alheias, de fora do grupo. Enfim, *Paperless Office* se aplica às tarefas administrativas para melhorar a qualidade dos serviços e reduzir os custos, distinguindo os conhecimentos-chave dos outros. De modo geral, a Fujitsu combina os dois critérios que, segundo Manuel Castells[5], medem a *performance* de uma rede: a coerência que indica o nível de compartilhamento e de integração de suas finalidades por meio de seus diferentes componentes e a conexidade que designa a rapidez e a facilidade de cada elemento da rede para se comunicar com outro. A construção de uma vasta memória central digitalizada, distribuída e acessível a todos, constitui um sistema nervoso flexível e vital para o grupo. Cada membro o utiliza e o alimenta diariamente.

A gestão do conhecimento é um fator de competitividade integrado nas atividades de todos os dias. O web-management para a criação de conhecimento e a lógica hipertextual são ferramentas poderosas a serviço dessa finalidade.

A Fujitsu faz gestão do saber há mais de 20 anos, mas à maneira japonesa, ou seja, muito mais centrada no tácito do que no explícito. No grupo, os engenheiros trabalham à escuta e em contato permanente com os clientes para melhorar a qualidade de seus produtos e serviços. Para isso, é preciso ultrapassar os processos lineares e lentos que, tradicionalmente, presidem às relações e à produção de novos conhecimentos. Nem tudo é fácil, pois criar um saber coletivo do grupo supõe uma adesão comum a valores de melhoria permanente e de acessibilidade, ao passo que os engenheiros têm pouca inclinação para compartilhar conhecimentos que estimam ser a fonte de suas competências. O *web-management* para a criação de conhecimento e a lógica hipertextual representam ferramentas poderosas para uma gestão criativa do saber. Isso se traduz por um sistema distribuído de formalização do saber centrado nas pessoas cuja importância se reconhece. Cada funcionário coloca na intranet sua agenda e sua lista de tarefas (*to do list*) com indicações sobre a maneira de agir, e todos têm acesso a elas. Esse *web-based management* permite acompanhar e registrar os projetos em sua gênese, seus objetivos gerais e seu andamento detalhado.

É essencial identificar as informações que não devem ser dadas para que o pessoal permaneça criativo, pois dando-as demais, corre-se o risco de acabar com os questionamentos. Quando se passa tempo demais aprendendo, não sobra mais tempo para criar! A Fujitsu optou por proscrever o papel para registrar a informação! Tudo o que é impresso tem de ser destruído após o uso porque a organização do trabalho é baseada na acessibilidade *web*. O que é importante é salvo na memória central digital da empresa. As ligações entre os projetos em andamento e um processamento por meio de palavras-chave permitem formalizar o conhecimento para torná-lo disponível para todo o grupo através de um armazenamento digitalizado.

À margem desses quadros um tanto rígidos que estruturam a informação, dá-se prioridade ao interpessoal, ao informal que dá oxigênio e que torna inventivo. Como diz Nonaka, é na intersubjetividade que se socializa o conhecimento tácito e é por isso que se deve multiplicar as ocasiões que a favoreçam. No local-piloto do grupo em Yokohama, implantou-se o sistema do escritório não atribuído (*non territorial office*). Cada empregado recebe na entrada do estabelecimento um telefone celular e conecta seu computador sem ter um espaço fixo de trabalho. Esse eixo estratégico, muito próximo do modo de funcionamento do cérebro humano, é estendido às relações com as empresas clientes, com os parceiros e com os fornecedores. Seja qual for o lugar em que estiverem, os engenheiros e os empregados do setor comercial devem poder agir dispondo de todos os recursos do grupo. Tanto as questões quanto as competências e as boas soluções (*best practices*) são compartilhadas em um clima aberto e de confiança. A Fujitsu, considerada um modelo e uma referência, colabora com parceiros externos, compartindo seus modelos, mas não o contrário! Mais do que a partilha do projeto da empresa, sua integração na consciência e na prática de todos se baseia em um modo de funcionamento que se poderia chamar de neuronal.

Responsabilidade compartilhada

Prefeitura de Mie

Após o fracasso de uma estratégia top-down, o Governador decidiu partir de baixo, from the bottom of the heart, e estimular a iniciativa.

Considerada por alguns o berço da civilização japonesa, o Departamento de Mie comporta 69 cidades e vilarejos, ou seja, 1,150 milhão de habitantes. É o local de origem de empresas tão prestigiosas quanto Toyota, Yamaha, Susuki e Honda. A capital é Nagoya. Na segunda metade dos anos de 1990, o Governador desse Departamento, Kitagawa, lançou uma campanha de reformas administrativas extremamente voluntária para aumentar a responsabilidade, a eficácia e a qualidade dos funcionários das repartições públicas. Esse programa se estendeu também a toda a população da região: atores individuais e coletivos, públicos e privados de qualquer escalão. No início, insistiu-se sobre a mudança nas mentes e nas atitudes, para alcançar depois os sistemas organizacionais e chegar enfim à promoção de uma boa governança colaborativa. As hierarquias foram achatadas (*flatten the pyramid*), o processo decisório foi descentralizado e a alocação de recursos foi orientada por projeto (*project oriented*). Em 2002, o Departamento de Mie recebeu o Prêmio Gestão do Conhecimento, anualmente atribuído pela *Knowledge Management Society of Japan*, assim como a sociedade Nippon Roche.

O objetivo geral da reforma consiste em promover um gerenciamento baseado no interesse dos cidadãos em conformidade com um princípio colaborativo.

Este enfoque sobre o interesse geral foi aplicado tanto ao nível estratégico quanto ao tático. Acompanha-se de um conjunto de novas práticas e inovações que passam por avaliações sistemáticas. Verifica-se a efetividade das missões e das tarefas realizadas pelos funcionários e pelos serviços administrativos articulados dentro de um programa intensivo de formação. O *slogan* "planejar-dar a ver" (*Plan-Do-See Circle*) quantifica e mede as *performances* globais e individuais. *Ver* não se limita à constatação ou à análise do resultado obtido, mas à identificação das relações de causa e efeito ligadas ao sucesso ou ao fracasso. Isso tem uma relação com o budismo, que recomenda a análise racional das relações de causa e efeito. A partir dessa conscientização, é possível agir sobre as causas, ou seja, sobre os comportamentos e atitudes que provocam efeitos nefastos ou indesejáveis para a coletividade. É assim que o *fazer* se aperfeiçoa, bem como o *planejar*, dentro de um ciclo de aperfeiçoamento contínuo.

A aplicação do princípio colaborativo envolve os funcionários e, ao mesmo tempo, os usuários, no âmbito global de um meio fértil em criação de conhecimento (*ba*) e a serviço da satisfação dos cidadãos. Um conjunto de palavras-chave foi popularizado para servir de bússola à ação de cada um: descentralização e autonomia, transparência e participação, simplificação e eficácia. O Governador Kitagawa recomendou abandonar um estado de espírito fundado no par *paternalismo e subordinação* para avançar para o par, mais responsável, *parceria e colaboração*. Esses *slogans* geram comportamentos proativos por parte da população (*collaboration under strain*) e entre todos os atores públicos e privados, individuais ou coletivos, da região. Esse *ba* regional é acompanhado por uma abertura entre os serviços que, até então, funcionavam de maneira estanque, exclusivamente focalizada em sua tarefa, sem conscientização nem visão global. Buscando a transparência, a economia e a eficácia, a reforma se estendeu à gestão das verbas públicas.

Notas

1. Paredes translúcidas que tradicionalmente separam as peças no Japão.
2. Mito fica ao norte de Tóquio. A *Naka Division* de Hitachi é constituída principalmente de engenheiros de alto nível auxiliados por técnicos superqualificados para a produção de uma instrumentação médica de ponta.
3. O custo de certos aparelhos de medida científica pode alcançar vários milhões de dólares!
4. A importância desse gerenciamento intermediário pode ser relacionada ao princípio de conexão próprio ao jogo de *go* (*wei chi* chinês), onde a natureza e a força das conexões entre as pedras fazem a solidez de um território.
5. *Op. cit.*

6

COMUNIDADE

Criador de comunidades

Mediascope (Grupo NTT)

O conhecimento não pode ser administrado; essa abordagem de inspiração norte-americana se focaliza demais nas tecnologias da informação. No Japão, focaliza-se o princípio das comunidades emergentes em uma abordagem mais emocional.

A estratégia da Mediascope decorre da constatação de uma verdadeira reviravolta paradigmática ocorrida, de um lado, na organização e nos valores da empresa e, de outro, em sua relação com seus meios úteis. A economia do imaterial em uma globalização crescente acarreta um apagamento das barreiras geográficas. No ambiente digital das redes (*digital surround*), a rapidez e o ritmo das mudanças provocam mutações na administração das empresas. No passado, o conhecimento e as capacidades em inteligência eram o apanágio de poucas pessoas que se apoiavam nelas para dirigir, educar e adaptar os comportamentos dos empregados. Exercido de maneira central, tal gerenciamento controlava as tarefas de cada um, e as instruções consequentes se difundiam do topo para a base de uma pirâmide hierárquica, de acordo com o famoso *leitmotiv command and control*. A distinção entre os que decidiam e os que executavam era clara, o fluxo de informação, essencialmente unilateral, e o tratamento das pessoas eram uniformes e massificados. O que dizia respeito à empresa e o que lhe era alheio se fundavam em uma diferença evidenciada entre, de um lado, um *nós*, ou seja, a empresa em seus limites e recursos físicos próprios e, de outro, um *eles*, o conjunto externo dos fornecedores, clientes, mercados, metas... Esse modelo, bem esquemático, agora está mudando rapidamente e tudo leva a crer que isso vá se acelerar. Para a empresa, bem como para qualquer organização, urge compreender essas linhas de força de modo a se adaptar criativamente.

Hoje em dia, o exercício do poder migra (*shift*) para a demanda! A atitude dos usuários está evoluindo devido à disponibilidade crescente de fluxos de informações abundantes que provêm também dos outros usuários. A relação exclusiva e quase permanente de um cliente com *uma* empresa ou *um* provedor de serviços não existe mais, assim como a comunicação persuasiva, direta e unidirecional da publicidade tradicional. Através das novas formas de interação com os clientes, as empresas descobrem certas qualidades de seus produtos que elas próprias ignoravam. Essas opiniões e comentários externos não devem ser negligenciados. A liberdade de expressão digital[1] se estende ao planeta inteiro, e o que é dito sobre uma organização não pode ser controlado por ela. É preciso lidar com esses fluxos e com a diversidade dos atores envolvidos em uma lógica de troca e de diálogo por meio de um senso de antecipação e de ritmo favorável a iniciativas, pois a inércia é fatal. Essa evolução global se repercute na natureza das atividades da empresa. Em seu setor, a comunicação, a Mediascope está sentindo a queda drástica dos pedidos provenientes das diferentes entidades do Grupo NTT ao qual ela pertence, e essa redução dos mercados publicitários é agravada por uma competição crescente entre os prestadores de serviços.

A corresponsabilidade e o autogerenciamento se baseiam em conhecimento e projeto compartilhados, em que a personalização suplanta um tratamento massificado e indiferenciado.

O conhecimento está hoje amplamente acessível, a inteligência é partilhada e os assalariados dispõem de níveis de formação superior que lhes permitem buscá-lo por si mesmos. Reconhece-se agora que a formação se dá ao longo de toda a vida, e isso levanta a questão da segmentação linear tradicional entre o tempo e o lugar da formação, de um lado, e o da aplicação profissional de outro. As mudanças comportamentais resultam mais de atitudes voluntárias de aprendizagem do que de instruções impostas do topo das pirâmides hierárquicas. A adesão não se declara, a colaboração e o *coaching* sobrepujam a relação autoritária e as estruturas se tornam horizontais e participativas por necessidade. Em termos de gerenciamento, o *herói líder* se apaga em proveito do *story teller*, que estimula e orienta, contando histórias cujo impacto sobre as consciências se traduz no comportamento dos empregados. As fronteiras da empresa se diluem à medida que esta se achata, o que não significa, no entanto, que sua existência e sua razão de ser estejam desaparecendo.

A questão decorrente é: como conceber e introduzir regras de funcionamento novas e adaptadas a essa realidade? O fechamento da empresa em si mesma e em seu meio já não existe mais. De um ponto de vista estratégico, isso corresponde à diferença existente entre, de um lado, um espírito de proteção quase paranóico e, de outro, uma manobra adaptativa e criativa. Pensar sedentariamente equivale a mergulhar na inércia e a regredir em relação aos nômades, que não se detêm para defender posições fixas e condenadas dentro do campo global e aberto pelas tecnologias da informação e da comunicação. Os fluxos contornam o que não se move, que se privam da energia das mudanças e perdem, assim, sua inventividade, sua capacidade de resposta inovadora não somente nos produtos e nos serviços, mas sobretudo em seus modos de organização e de relacionamento. A dicotomia do *nós* e *eles* tende a ser substituída por um *nós abrangente e dinâmico*, feito de interações, de enriquecimentos e de aprendizagens mútuas. As soluções gerais e uniformizadas do passado dão agora lugar a fórmulas personalizadas coproduzidas dentro de um jogo relacional mais intenso e imediato.

Não se divulga mais um produto, um serviço ou uma formação. Hoje em dia, eles devem ser solicitados por uma necessidade coletiva, ou intersubjetiva, para cuja construção a empresa contribui.

Considerando as novas condições do mercado e as mudanças em curso, tornou-se urgente para a Mediascope, prestadora de serviços de comunicação, inventar soluções, senão desapareceria. Tanto os pedidos quanto o lucro estavam diminuindo, e quase não havia perspectivas de serviços ou produtos inovadores, geradores de benefícios. A empresa precisava imperativamente estabelecer novas direções, redefinir sua missão, visão, valores e estratégia. Todos os funcionários da Mediascope foram instados a contribuir para esse processo a longo e médio prazo, estabelecendo simultaneamente objetivos a curto prazo para que a empresa não desaparecesse. Grupos transversais de discussão se generalizaram em cada divisão por meio de uma dupla orientação de trabalho: de um lado, a conceptualização e a dimensão estratégica; de outro, a prática imediata que devia se traduzir concretamente por resultados com prazos precisos.

Esse esforço concentrado de mobilização coletiva e de produções individuais, de trocas, de compartilhamento de problemas, de propostas de soluções, mas também de viagens de estudos...

fez emergir a *razão de ser* da empresa e levou a um plano estratégico detalhado (*strategy mapping*). Para favorecer a participação de cada um, a Mediascope recorreu a um procedimento bem voluntário. Projetando-se no futuro, cada empregado descreveu precisamente como e onde ele se via na empresa exatamente três anos mais tarde! A abertura desse espaço à imaginação criou um campo favorável à implicação da energia de cada um. O conjunto das contribuições individuais circulou entre os cerca de cem empregados e passou por discussões em uma atmosfera amigável, por vezes durante refeições comuns ou seminários realizados fora da empresa para se liberar da pressão e das necessidades do dia a dia. Assim, a Mediascope redefiniu sua missão e a declinou de modo estratégico internamente e nas relações com seus meios pertinentes através de um *slogan* unificador, que se tornou a bússola da empresa: *Mediascope é um criador, um ativador e um amplificador de comunidade e, para chegar a isso, utiliza todas as mídias disponíveis, individualmente ou combinadas*. Seu valor agregado em termos de serviços repousa em sua capacidade de criar comunidades que correlacionam dinamicamente anunciantes e usuários pelo viés de soluções globais (*media-mix*).

"We are community producers providing a solution through various forms of media. We provide you a community for 21st century by utilizing various media"[2]. *A atividade da Mediascope hoje consiste em criar comunidades e em fazê-las funcionar.*

A definição do conceito chave de comunidade insiste na noção de espaço social compartilhado (*social space-ba*), que permite aos indivíduos e às organizações partilharem objetivos comuns, valores, interesses ou sensações (*feelings*). Todo meio dispõe de uma espécie de motor que o faz funcionar e favorece a circulação interna de uma energia. Seus membros são animados e unidos por um esforço comum e orientado que passa por rituais (*kata*). Na sociedade em geral, as comunidades existem de maneira manifesta ou potencial. O trabalho criativo da Mediascope consiste em sentir e identificar dentro de um campo determinado o potencial favorável ao surgimento de uma comunidade, não para administrá-la de fora, mas para acompanhar sua eclosão após ter estimulado previamente suas condições. Dentro delas, sejam quais forem os papeis e as posições de cada um, as interações se exercem a partir da autonomia e da independência.

A Mediascope distingue três tipos de comunidades: tradicionais, voluntárias e estratégicas. Nas *tradicionais*, a pertença é automática e se estabelece a partir de uma base geográfica ou familiar, ou seja, não escolhida. Ela é "fatal" e determinada *a priori*, suas relações internas são fortes e normatizadas, reina a hierarquia, a adesão é controlada, até mesmo restritiva, e os membros são como que submetidos a ela. Nesses dispositivos organizacionais, a comunicação e a abertura ao exterior são muito limitadas. Esse tipo de comunidade é encontrado nos clãs, nos vilarejos, nas nações e até mesmo nas torcidas de futebol. Sua natureza é sobretudo defensiva, o que não as impede de se revelarem, se preciso for, predadoras e conquistadoras. A pregnância da distinção entre *nós* e *eles* é forte, a pertença é exclusiva. As comunidades *voluntárias*, ao contrário, são criadas em consequência de uma escolha. Alguns indivíduos decidem se reunir e se organizar a partir de um interesse manifesto e deliberado, como no caso das associações, dos sindicatos, dos grupos profissionais, dos partidos políticos ou das religiões e seitas... A pertença é explícita e resulta de uma atitude deliberada.

Uma comunidade *estratégica ou planejada* designa, por sua vez, a reunião de vários atores ou organizações de naturezas diversas, que podem também ser empresas, e que se federam em torno de um tema mobilizador carregado de intenções e de objetivos, até mesmo em torno da adesão a valores que os unem. O fundamento geográfico, familiar ou étnico não é necessário, e a internet a libera da localização espacial. O esforço comum para a concretização de finalidades compartilhadas, apesar das diferenças de natureza ou de cultura de seus membros, desenvolve nessas comunidades estratégicas um senso de escuta e uma abertura de espírito. A independência reina sem, no entanto, empobrecer o conjunto; a diferença é cultivada através do diálogo, não se busca uma simplificação ou padronização qualquer[3]. A reticulação dos indivíduos entre si, independentemente de suas pertenças culturais ou institucionais, a partir de valores e interesses, é fácil[4]. As comunidades *estratégicas* são estreitamente ligadas à natureza da internet e das redes digitais, onde a comunicação é ampla e simultânea sem a limitação de restrições geográficas. Essas comunidades particulares, em que a criação de conhecimento desempenha um papel maior devido à intensidade das relações internas, recebem todas as atenções da Mediascope, que delas fez seu produto principal. Elas induzem uma mudança qualitativa, por exemplo, na relação entre fornecedores de serviços e clientes. São meios férteis em criação de conhecimento, intencionalmente constituídos a partir de um projeto, de um esforço comum e de compartilhamento, feitos de circulações e de transformações.

From "one to one" to "with". *Até agora, a empresa se concebia como uma entidade distinta e separada de seus clientes ou usuários e, mais globalmente, do mundo exterior.*

A relação linear, direta e descendente da empresa para seus clientes (*"To"* = *One to One*), baseada no controle e na troca de informações através de canais e mídias determinados, é substituída por um marco relacional novo (*"With"* = *colaboração*), onde comunidades com objetivos múltiplos e valores diferentes interagem em um mundo reticulado e aberto. Não é mais proveitoso para a empresa ficar à parte da sociedade, como uma entidade distinta, estruturada linearmente como uma resposta a necessidades que passam por fluxos lentos e alternativos: do mercado à empresa e da empresa ao mercado. Esse modo de funcionamento, reativamente pobre, não se beneficia da inteligência dos consumidores e dos clientes. Ele procede imobilizando, escolhendo e definindo uma demanda para, depois, mirá-la como se lança um míssil. Agora a empresa tende a se situar *dentro da própria* sociedade, permeada por seus fluxos sem que ocorra sua separação ou estanqueidade. Essa dinâmica interativa e ágil gera uma relação baseada na partilha e na transformação qualitativa da informação, o oposto de um espírito de proteção e de acumulação. Para que a diluição não ameace, é preciso alimentar o projeto, a razão de ser e as finalidades da empresa com predomínio na consciência e nas práticas cotidianas dos assalariados. Levando em conta essas necessidades, o gerenciamento se adapta a essas condições da sociedade do conhecimento (*knowledge-based society*). Não adianta a mão se fechar para segurar a corrente, então é melhor nadar se harmonizando à energia que a anima, o que não significa desaparecer enquanto sujeito!

Diante desse novo panorama, os objetivos das empresas se concretizam cada vez mais através de um princípio vencedor e colaborativo. A empresa Mediascope delineia e desenvolve prestações que ultrapassam a venda clássica de serviços publicitários, desempenhando a combinação de usos de mídias antigas e novas. Ela se concentra na criação de condições favoráveis ao surgimento de comunidades de interesse, de espaços virtuais compartilhados (*ba*) entre atores econômicos heterogêneos com funções diferentes, mas associados a um projeto, a uma finalidade que os englobe. A função da Mediascope consiste em concebê-los, revelá-los e produzi-los por meio de uma articulação de mídias. A atividade central dessas comunidades é o tratamento de informações a fim de produzir conhecimento útil para todos. Para tanto, a estratégia da Mediascope é evitar proceder por via direta e intrusiva nos grupos existentes ou potenciais. Ela prefere, ao contrário, uma abordagem discreta, respeitosa e indireta a partir do que eles representam ou encerram em si mesmos (*monitoring strategy*). O *nec plus ultra* reside na capacidade de estimular o surgimento de comunidades de usuários, com ou sem fornecedores, que se autogerenciam a seguir! A Mediascope se posiciona nesta indústria comunitária de redes (*net business*), e é da pertinência de sua análise, imaginação e aplicação que resultam seus resultados econômicos. A criação de alianças, orientadas a partir de comunidades existentes, é privilegiada.

Aplicando o modelo a si mesma, a própria comunidade estratégica de conhecimento da Mediascope ultrapassa amplamente seus limites físicos de empresa japonesa e se insere em um tecido relacional de comunidades de práticas e interesses de geometria variável na sociedade das redes. Vários círculos estruturam essa atividade. O primeiro é representado pelas comunidades internas, temáticas ou de objetivos da empresa, que congregam os empregados e suas conexões respectivas. Um segundo círculo a associa às empresas parceiras no Grupo NTT de que faz parte. Um terceiro as articula com seus clientes e prestadores de serviços. Por fim, as diferentes comunidades de usuários envolvidas no conjunto dessas atividades constituem um quarto círculo, que participa objetivamente da vida da Mediascope. Essa classificação retoma as quatro áreas de cooperação da empresa: no início, seus parceiros; no meio, a própria empresa; no fim, seus clientes e, mais adiante ainda, os clientes de seus clientes. Cada relação propicia a criação de um meio (*ba*) inspirado por um projeto, uma finalidade, um conceito que o alimenta em uma verdadeira frente de conhecimento! Temos aqui uma definição particularmente inovadora da empresa-rede, cuja realidade geográfica e localizada é só uma parte mas não constitui absolutamente um limite à sua ação.

Na empresa, o gosto pela novidade é incentivado, assim como a diversidade das pessoas, dos talentos e das competências em uma verdadeira sabedoria coletiva (chi).

A disposição interna da empresa procura ser agradável e moderna, até mesmo na última moda (*up-to-date*), com circulações fluidas[5] que permitam que cada um disponha de espaço suficiente. Os horários de trabalho são flexíveis, e o sistema de gerenciamento estimula a liberdade e a responsabilidade na execução das tarefas. Os grupos de projetos se organizam sobre bases transversais que podem ultrapassar os limites da empresa (*across organization boundaries*). O uso de tecnologias sofisticadas da informação garante rapidez e eficiência onde quer que se esteja. Conhecimentos e experiências são compartilhados na comunidade, mas também a distância. Cada empregado é convidado a aprofundar ao menos uma competência em uma área específica; essa especialização é vista como um enriquecimento, e não, como uma limitação do indivíduo. O desenvolvimento da imagem de marca e da reputação da sociedade aposta nessas competências e em uma aptidão para línguas estrangeiras. A publicação de artigos sobre as atividades e a filosofia da Mediascope faz parte dessa lógica. Sessões internas de formação são frequentemente organizadas e cada participante disponibiliza o que aprendeu, comunicando-o aos outros. O mesmo acontece após a participação em eventos externos: salões, seminários ou conferências. Relações dinâmicas com as empresas parceiras se estabelecem a partir de um interesse, de uma prosperidade e de um crescimento compartilhado. *Cheerful, Enternaining and Lively* são valores internos centrais. O gosto pela novidade é incentivado, assim como a diversidade das pessoas, dos talentos e das competências em uma verdadeira sabedoria coletiva. *Thank You, Thank You, Thank You!* – esse *slogan* ritma, como um *kata*, as relações e estimula a troca e o reconhecimento das contribuições pessoais.

Supertransferência de competências

Nippon Roche

Na gestão do conhecimento, um dos maiores problemas repousa na dificuldade de tornar explícita a competência tácita para, a seguir, transferi-la para a empresa.

Desde sua instalação no arquipélago nipônico antes do segundo conflito mundial, a Nippon Roche tornou-se uma sociedade de cultura japonesa. Em 1998, começou a sofrer um declínio de três anos sem que perspectivas de lançamento de novos medicamentos no mercado prefigurassem uma esperança de retomada dos negócios. Diante dessa constatação alarmante, o presidente Hiroaki Shigeta decidiu estimular as vendas dos produtos existentes, sistematizando uma transferência de conhecimentos tácitos em matéria comercial a partir dos resultados dos melhores elementos da organização.

Os representantes de laboratórios da Nippon Roche visitam diretamente os médicos prescritores dos hospitais e, dessa relação, resulta a venda ou não dos medicamentos. Em outras palavras, a questão estratégica que se apresentava à Nippon Roche consistia em saber como melhorar a *performance* do corpo de seus representantes comerciais. Toda a gama de fórmulas diversas e variadas, tradicionais e inovadoras, dera apenas resultados insatisfatórios até então. A pergunta era: o que fazia a diferença entre os melhores (20%) e os médios (60%), apesar de os dois grupos disporem de formação e informação similares? Os representantes têm uma missão complexa, que requer conhecimentos e competências variados. Tratando diretamente com os médicos, devem ser capazes de descrever as modalidades de ação das moléculas que propõem, bem como seus possíveis efeitos secundários. Os médicos que eles visitam, isto é, seus clientes diretos, dispõem de pouco tempo, o que torna difícil escolher o melhor momento, até mesmo sua possibilidade! Um terço das vendas era realizada por 20% dos representantes, 60% cumpriam honrosamente sua tarefa e os 25% restantes eram pouco eficientes. Melhorar a *performance* dos 60% intermediários passou a ser a questão estratégica.

Para a Nippon Roche, quatro critérios de base determinam a eficácia comercial: o conhecimento científico dos produtos, a análise dos pedidos provenientes dos clientes, a meta de vendas e a capacidade de acesso aos médicos prescritores. Os melhores representantes laboratoriais e os da categoria média diferem em seus modos operatórios. Os primeiros se munem previamente de um conhecimento aprofundado dos medicamentos e de seu emprego pelos médicos, ao passo que os segundos praticam um *marketing* clássico, pouco atento e sem imaginação. Os melhores se superam na escolha do momento favorável e sabem se dirigir aos médicos quando são mais receptivos. Antecipadores, reúnem previamente todas as informações que seus interlocutores podem querer, adotam uma atitude deliberadamente proativa e se oferecem para fornecer qualquer informação complementar em caso de necessidade. O registro escrito das preocupações dos médicos é sistemático, o que permite fornecer as respostas esperadas e adaptar os argumentos ao longo dos encontros. Porém a escolha do momento apropriado para dar o empurrãozinho, o "piparote" que concretiza a venda, não é fácil de analisar, e ainda menos de modelizar, com métodos convencionais. Isso é uma questão de *feeling*, baseado em um conhecimento primeiramente tácito e em um senso de ritmo apoiado em uma sensibilidade relacional. Os representantes comerciais *vedetes* farejam e sabem instintivamente quando chegar no médico e que tipo de argumento vencerá.

O programa Super Skill Transfer: *explicitar e depois transferir o* **savoir-faire** *tácito sutil dos melhores, extraindo-o das caixas-pretas individuais onde este se encontra.*

Para lançar o Programa *Super Skill Transfer*[6] *(SST)* ou supertransferência das melhores competências, o presidente da Nippon Roche retirou momentaneamente seus 24 melhores representantes de suas filiais regionais respectivas para fazê-los trabalharem juntos e transformá-los em formadores. Isso provocou algumas resistências, pois os escritórios locais queriam conservar esses especialistas de primeira linha. Foi preciso convencer seus responsáveis a aderirem para que eles próprios se envolvessem no *SST*. Nenhum estímulo financeiro especial recompensou os participantes do programa, mas o envolvimento central do presidente Hiroaki Shigeta foi determinante. Na constituição desse painel, a direção evitou as personalidades fortes demais e privilegiou os perfis próprios a suscitar emulação.

Durante dois meses, esse grupo de 24 representantes trabalhou na sede da sociedade em Tóquio para explicitar essas competências tácitas que fazem a diferença de outros representantes laboratoriais da categoria média. Esse tempo corresponde às duas fases iniciais do modelo SECI de Nonaka: socialização (reunião a portas fechadas dos especialistas) e exteriorização (formalização das competências e dos conhecimentos tácitos). A combinação (C) desses novos conhecimentos com os operacionais já disponíveis ocorreu em um segundo momento, antes da implantação de um dispositivo de interiorização (I) dos resultados e recomendações obtidas. Ao final das três primeiras etapas (SEC), os melhores transmitiram de modo explícito seus métodos e conselhos para maximizar a eficiência das vendas, e depois duas experiências-piloto verificaram sua eficácia (I).

Cada um dos melhores representantes laboratoriais, que se tornaram *SST Members*, encarregou-se de dois representantes de nível intermediário para formá-los em um período intensivo de três meses. A seleção final se efetuou em função de sua aptidão para retransmitir esse *savoir-faire* a seus pares. Nesse movimento, os *SST Members* (tutores-formadores) acompanharam seus pupilos em todos seus procedimentos comerciais. Eles analisavam juntos e decidiam as recomendações a pôr em prática nas visitas posteriores. Os médicos prescritores mais difíceis foram escolhidos como *cobaias*. A análise prévia dos comportamentos, assim como a reflexão sobre a capacidade de argumentação e seu modo de agir, se tornaram a regra. Durante as visitas, os tutores ficavam silenciosos, mas faziam incitações voluntárias uma vez terminada a visita. A prova pela demonstração efetiva visava a convencer os selecionados de que a *performance* era possível. O compartilhamento da experiência e do *savoir-faire* do tutor levou a uma integração e a uma colocação em prática imediata e verificável, mas refletida e discutida ao longo de todo o processo. Essa etapa corresponde evidentemente à fase de interiorização do modelo SECI. Esse plano teve como consequência demonstrar em campo a eficácia das competências e habilidades desenvolvidas pelos melhores, até então ignoradas pela categoria com desempenho médio. O programa não tinha nada de abstrato, e o desafio permanente se desenrolou em um clima de respeito mútuo e de confiança entre formado e formador. A dimensão interpessoal da aprendizagem desempenhou um papel dinâmico decisivo, como uma relação mestre-discípulo se confrontando juntos com o real, processo do qual resulta a transformação da aprendizagem.

Os treinamentos clássicos haviam fracassado em salientar a importância do conhecimento dos medicamentos e da atenção ao consumidor como necessidades e evidências incontornáveis..

Durante os 18 meses iniciais do programa piloto, o aumento da produtividade das vendas foi significativo, acompanhado por uma mudança nos comportamentos. Dos representantes que passaram pelos *SST*, 80% começaram a preencher fichas de informação depois das entrevistas com os médicos, contra 10% até então. O compartilhamento de experiência, as discussões e comentários, as conclusões e sua aplicação imediata transferiram as *dicas* do ofício, que diferenciavam os excelentes dos médios. Vemos aqui aquela convicção japonesa de que a aprendizagem se faz na prática – ou no tatame, como nas artes marciais – e que é preciso *transpirar em conjunto* para aprender. O ensinamento teórico verbal não basta, e se aprende com o corpo. Além dos 240 formados em alguns meses, uma emulação geral se desenvolveu na Nippon Roche na lógica do dominó. O retorno do investimento do afastamento temporário (cinco meses ao todo) dos 24 melhores representantes da linha de frente comercial foi rápido. Os ganhos de produtividade se tornaram duradouros, bem como o benefício global em termos de autonomia de ação entre os formados, que desde então ficaram mais orgulhosos de pertencer à empresa. Preocupados em aperfeiçoar eles próprios suas estratégias e táticas de venda, compartilharam suas perguntas e respostas com os colegas da empresa, particularmente com seus ex-tutores.

Desde então, a Nippon Roche passou a funcionar muito mais como um conjunto articulado e coerente, aplicando o princípio estratégico da economia dos recursos, e os benefícios superaram rapidamente os custos da operação inicial. Todos os meses, os *SST Members* encontram o presidente da empresa para apontar os progressos do programa. A Nippon Roche coloca em rede as melhores práticas identificadas para que todos os representantes laboratoriais tenham acesso a essa base de dados. Resultado de uma experiência de campo, os novos comportamentos se disseminaram, e a empresa instituiu uma *Academia SST*, que prossegue, amplia e prolonga o trabalho da experiência original. A academia consigna e difunde as melhores práticas, estimula os representantes a adotarem atitudes positivas, encarrega-se do acompanhamento do desempenho daqueles que não fizeram as formações e lhes fornece material documentar. Seminários regulares reúnem aproximadamente 30 participantes durante mais de dois meses sobre o tema da construção de uma liderança motivadora, baseada no voluntariado. Duas vezes por mês, um canal interno de televisão coloca os responsáveis pelo programa *SST* em comunicação com as diferentes implantações regionais do grupo.

O interesse maior da experiência foi conseguir focalizar a caixa-preta do conhecimento tácito, explicitar seu valor tático e estratégico e saber transferi-lo por meio de um processo virtuoso que se disseminou.

Sem o envolvimento central do presidente do grupo e dos melhores representantes laboratoriais, o projeto *SST* não poderia ter surgido e sido coroado de sucesso. Através da aplicação do modelo SECI de Nonaka, os laços comunitários internos e o sentimento de pertença à sociedade se fortaleceram. Esta passou a se comunicar mais, e cada funcionário ampliou seu tecido de relações e de conhecimentos espontaneamente. Como os representantes menos performantes se abriram à novidade, o futuro, que era fechado, também se abriu, e o movimento tomou corpo na sociedade, que tinha estancado em práticas e hábitos que não eram mais questionados. A melhoria concreta através dos resultados auxilia a demonstração e reforça a adesão ao programa.

Em uma situação perigosa, a Nippon Roche imaginou e experimentou um sistema de revelação (socialização), depois um ensino do conhecimento tácito (*savoir-faire*) que formações generalistas e clássicas não conseguiam prover até então, menos ainda as fórmulas a distância. O componente interpessoal – ou intersubjetivo, conforme Nonaka – foi ainda mais determinante para isso porque o conhecimento tácito desempenha um papel determinante na prática de representante laboratorial. Uma vez efetuada a formalização dos conhecimentos e competências tácitos dos melhores, a transferência se concretizou através de uma relação criativa entre *três* componentes, e não somente entre o tutor e o formado, pois os médicos prescritores também fizeram parte efetiva do processo!

Na dinâmica desse movimento, a dimensão da *experimentação* no decorrer das visitas foi determinante, assim como a aplicação concreta dos formados que podiam, por si mesmos, transformar e constatar seus resultados. Dentro da sociedade, eles se tornaram os melhores propagandistas do programa *SST*. A instauração de um *ba*, de uma comunidade estratégica de conhecimento, primeiro entre os melhores representantes, depois entre estes individualmente e os médios e, finalmente, em toda a sociedade, permitiu à Nippon Roche sair do marasmo em que se encontrava. Em 2002, o programa *SST* recebeu o prêmio anual de *Knowledge Management Society of Japan* por sua exemplaridade!

Atendimento e saúde humana

Eisai

O programa HHC mobiliza recursos além do Grupo Eisai, em um* ba *que agrupa os pacientes e seu entorno com vistas ao projeto global de melhoria do atendimento e da saúde humana.

"We are Ladies and Gentlemen serving other Ladies and Gentlemen." Inscrevendo-se no projeto global *Atendimento e Saúde Humana (Human Health Care – HHC)*, o Grupo Eisai mobiliza mais do que seu mero potencial. Ele cria as condições de existência de uma comunidade estratégica de conhecimento que o funda dentro de um esforço harmônico de cooperação com os pacientes, o meio humano e, de modo geral, com todo ator que, por uma razão ou outra, estiver envolvido com este projeto. Independentemente dos limites geográficos e culturais, a criação do saber no grupo farmacêutico Eisai encarna uma verdadeira filosofia de gerenciamento que o levou a questionar sua razão de ser enquanto empresa e a redefinir estrategicamente sua missão. O professor Ikujiro Nonaka desempenhou um papel maior nessa definição, e a experiência constituiu um dos estudos de caso da tese de sua então doutoranda Emiko Tsuyuki[7].

Para chegar ao *slogan* mobilizador *HHC* que originou esse procedimento, Eisai considerou que seus conhecimentos e competências científicos, médicos e industriais estavam incompletos em relação a uma razão de ser superior: a melhoria do atendimento e da saúde humana (*HHC*). Para assumir plenamente essa missão, outras formas de conhecimentos e de competências lhe são indispensáveis; ora, estas se encontram nos pacientes e em seu ambiente de atendimento e familiar, com quem convém organizar o encontro. Soberbas, soberanas e isoladas, competências até mesmo excepcionais, por mais de ponta que sejam, são insuficientes, quer tanjam à ciência, à pesquisa-desenvolvimento ou ao *marketing*... Para compor e se articular com a energia da demanda e da necessidade *HHC*, o Grupo Eisai precisa ficar mais perto dos pacientes, estimulando um *ba* com eles em seus próprios ambientes. Da criatividade dessa interação resulta a produção do saber adequado, do que é preciso fazer e como fazê-lo. Assim, os pesquisadores do Grupo Eisai não *privatizam mais* as necessidades dos pacientes (e suas doenças), apoderando-se delas em nome de uma supercompetência indiscutível, mas *contribuem* para soluções na esfera de um movimento colaborativo que os engloba. Essa comunidade que reúne Eisai, os pacientes e os agentes de seu meio é estratégica por tanger aos interesses vitais de cada um: pacientes, famílias, hospitais e... o próprio Grupo Eisai!

O que os pacientes pensam de suas doenças representa uma fonte de conhecimento essencial, que deve ser articulada com as competências e os horizontes de pesquisa do grupo.

O conhecimento que os pacientes, suas famílias e os diferentes agentes de seu meio têm de suas doenças é, primeiramente, de natureza tácita, silenciosa e não formulada. A criação de condições favoráveis à sua *socialização* e à sua *exteriorização* passa pelo estabelecimento de um *ba* que propicie uma colaboração entre a Eisai e os pacientes. Aqui intervém o método SECI de Nonaka. A empatia procede da fase inicial, onde se manifesta um saber tácito em um clima de confiança (S) preliminar à sua formalização (E). Por meio da atenção e do atendimento efetivo prestados aos pacientes pelo pessoal da Eisai nos hospitais e nos outros estabelecimentos de atendimento ou de repouso, são criadas as condições para tornar explícitos esses elementos de conhecimento indispensáveis à realização do objetivo superior *HHC*. Através dessa relação, os funcionários da Eisai percebem sensorial e tacitamente os ritmos, as dificuldades, as apreensões dos pacientes, à imagem da comunicação direta de *hara* a *hara* do ensino dos mestres japoneses. Essa comunidade estratégica de conhecimento (*ba*) funciona a partir da doação, da troca de informação com interesse compartilhado da qual todos saem, senão vencedores, pelo menos nunca perdedores. A Eisai não desempenha jamais o papel de um buraco negro que absorve, que não dá nenhum retorno. A força, a predominância e a energia do *ba* permitem ao conhecimento tácito se emancipar do peso, da gravitação que o encerra nos indivíduos e o impede de encontrar caminhos para sua formulação e se comunicar em interações criativas.

Na perspectiva de um enriquecimento da relação com seus parceiros, que são também seus clientes, a Eisai organiza sessões de formação para auxiliar os médicos a melhorarem seu trabalho. Para isso, o grupo administra um centro de atendimento gratuito aberto 365 dias por ano e uma *home page* sobre o mal de Alzheimer, organiza um ciclo de conferências públicas sobre o assunto e participa ativamente da jornada anual que lhe é consagrada. Essas práticas contribuem para a criação do *ba* que reúne aqueles que, por uma razão ou outra, estão envolvidos com a doença e com a melhoria dos conhecimentos e do atendimento relativo, pertençam ou não à Eisai[8]. Todo pedido de informação é precioso e passa por um tratamento particular, assim como as opiniões, os pareceres e os comentários dos pacientes e dos atendentes. As questões sem resposta são de uma importância crucial porque informam sobre aquilo que a pesquisa deve buscar. Essas informações são reunidas a partir do método SECI, em suas quatro fases detalhadas. São disponibilizadas com vistas a um gerenciamento por projeto para alcançar, gradativamente, novas etapas qualitativas e cognitivas. As tecnologias da informação otimizam esses tratamentos sem, no entanto, os originarem, pois o ponto de partida está nos recursos e nas relações humanas.

No ba, *a distinção entre sujeito e objeto desaparece em um movimento orientado para a busca comunitária de soluções pelo viés da criação de conhecimento.*

No caso concreto do medo que os pacientes demonstram pela endoscopia, a Eisai aplica o modelo SECI de Nonaka em quatro etapas. A fase inicial de *socialização* (S) de um primeiro conjunto de saber tácito se deu entre os médicos, os pesquisadores e os psicólogos por meio da circulação interna de um questionário para recolher elementos individualizados e esparsos de conhecimento. A *exteriorização* (E) desse saber coletado foi acompanhada da elaboração de um segundo questionário destinado aos pacientes. Sua difusão foi objeto de sessões de sensibilização com o apoio de um livreto explicativo sobre a natureza, o objeto e a importância da endoscopia, e o conhecimento dos pacientes enriqueceu-se com isso. Os resultados desses dois questionários foram, assim, *combinados* (C) e, depois, analisados, e as conclusões, comunicadas durante novas sessões de formação. A fase de *interiorização* (I) aperfeiçoou não só o conhecimento dos médicos, mas também o dos pacientes quanto à função e à necessidade da endoscopia. O procedimento contribuiu para eliminar as reticências dos pacientes, mas o reconhecimento inicial de suas apreensões constituiu uma preliminar decisiva. A Eisai não lutou *contra* as apreensões dos pacientes, mas *com* eles, para explorar como explicitar a utilidade desse instrumento de diagnóstico no caso de suas doenças.

Nesse exemplo, o processo não se limitou a *conhecer*, já que temores foram eliminados através da compreensão das vantagens da endoscopia. Esse movimento de conhecimento transformou o saber e as atitudes dos atores envolvidos, tanto pacientes quanto médicos, que tiveram um benefício individual (local) e coletivo (global). A consideração do saber tácito dos médicos e dos cientistas e sua expressão e aprofundamento criaram as condições para a revelação e a formulação dos temores e das ignorâncias dos pacientes. A disponibilidade de especialistas, que não se consideraram detentores exclusivos de uma autoridade exercida do alto da mestria soberana e isolada de sua competência, tranquilizou os pacientes, e dessa relação dialética resultou a criação de conhecimento. Os médicos avaliaram as razões do temor da endoscopia *com* os pacientes e *com eles* experimentaram um método satisfatório.

Compartilhando os questionamentos e aplicando o método SECI, elementos de saber tácito se expressaram, se socializaram, se trocaram e se combinaram para gerar um conhecimento operacional para todos. A adequação do movimento criou o conhecimento, e foi se fazendo humilde e atento que o *savoir-faire* médico ganhou eficácia. Essa experiência revela um método dialogado de criação de conhecimento, onde a categoria dos interlocutores que podem ser qualificados de especialistas não se instituiu como detentora *a priori* das respostas que se devia, de uma maneira ou outra, *transmitir* aos pacientes – interlocutores considerados como ignorantes, que convinha *preencher* com dados exatos para chegar a um resultado satisfatório ou cujos temores e ignorâncias se devia erradicar sem reconhecer e considerar previamente em sua legitimidade. Ao contrário, instalou-se um diálogo respeitoso e aberto para uma busca de soluções que levassem em conta as posições respectivas (*ba*) para o benefício de todos e de cada um em particular[9].

Por meio do HHC, a Eisai criou as condições de uma verdadeira harmonia operacional[10] centrada na criação colaborativa de conhecimento.

Para a Eisai, os valores *HHC* representam agora o papel de uma bússola que norteia a totalidade de seus funcionários em suas tarefas diárias e relacionais. Eles funcionam como um cimento dinâmico que polariza as energias em uma direção comum e que dá sentido à ação de cada um, que passou a poder avaliar seu próprio desempenho e o dos outros pelos valores *HHC*. Para manter e enriquecer essa filosofia, um sistema muito ritualizado de recompensas gratifica todos os anos aqueles que contribuíram bastante para a melhoria dos conhecimentos e dos desempenhos do Grupo. A troca, a escuta e a fertilização cruzada são práticas estimuladas, assim como o confronto com as maneiras de ver e de trabalhar dos outros. Como em muitas empresas e organizações japonesas, combate-se a viscosidade dos fluxos de informação entre os diferentes departamentos. Todos os contatos externos constam em fichas acessíveis na intranet do grupo, e aqueles que consultam uma informação podem lhe atribuir um ponto em função da avaliação positiva que fazem[11]. Esse movimento permanente de busca e de melhoramento se traduz também por formações internas transversais e operações de *benchmarking* com as melhores empresas no que tange à satisfação do cliente, pois a comparação com os melhores é fonte de aprendizagem e de progresso.

Dentro do megaprojeto *HHC*, a Eisai proporciona as competências complementares necessárias para sua realização. Esse *metaba* funciona como um dispositivo estratégico que, potencialmente, engloba o conjunto dos atores que, por um motivo ou outro, estão envolvidos na produção de conhecimento a serviço do objetivo geral de melhoria do atendimento e da saúde humana.

Indicando uma direção e contribuindo decisivamente para a criação de saber necessário, a Eisai é um caso exemplar de estratégia adaptada na sociedade do conhecimento, onde a rapidez e a pertinência reticular sobrepujam a massa! O grupo, também instalado na França, passou por dificuldades de ordem cultural para concretizar seus valores na sua implantação em 2003, conforme confessaram alguns de seus administradores. Dito isso, por ocasião de uma entrevista pessoal com um médico hospitalar prescritor francês, ficamos surpresos ao ouvir que, em sua opinião, a atitude dos representantes comerciais da Eisai diferia daquelas de seus concorrentes em razão de uma escuta atenta e de um real interesse pelas preocupações e perguntas dos médicos.

A abordagem meticulosa

Asahi Breweries Ltd

A vocação da gestão do saber consiste em aperfeiçoar a tomada de decisão, em tornar o trabalho mais eficaz e em permitir a satisfação do cliente.

Dentro do grupo, a gestão do conhecimento intervém em todos os níveis: da cadeia de produção ao consumo, passando pela distribuição dos produtos. Bem antes que essa moda se impusesse no Japão, a Asahi era pioneira através do conceito de *joho katsudo*, que designa uma utilização máxima da informação por meio da combinação do trabalho de campo e da notoriedade da marca. Literalmente, *joho* significa informação e *katsudo* significa atividades; a associação das duas palavras pode ser traduzida por *reunir informação para encetar operações a partir de uma base sólida*. Dez pessoas trabalham no serviço de TI (tecnologias da informação) e quinze estão envolvidas na promoção da gestão do saber, de sua descentralização e de sua divulgação nas diferentes unidades do grupo[12]. A informação circula sob a forma de fichas de clientes e de fichas técnicas. Para que os jovens executivos disponham de mais tempo para empregar em um objetivo comercial, busca-se reduzir os encargos administrativos que pesam sobre eles.

O ano de 2001[13] correspondia a uma fase de crescimento e a uma sensibilização geral do grupo à gestão do conhecimento por meio do convite a participantes externos. Para isso, foi criado um *site* de mobilização dos empregados, mas, diante de sua eficácia limitada, a Asahi preferiu recorrer à fórmula dos mangás, e tudo funciona muito melhor desde então! A primeira fase do programa se concentrou no sistema e na organização, e hoje essas infraestruturas propriamente ditas funcionam. A etapa seguinte consistia em introduzir e sistematizar novos valores na empresa com vistas a uma mudança no gerenciamento. Ainda restava muito trabalho a fazer, principalmente no que tange à propriedade intelectual, que passou por um grande esforço. O método da Asahi em matéria de gestão do conhecimento está intimamente ligado ao *marketing* e à venda. A consciência das questões em jogo é aprofundada e desenvolvida da comercialização até à produção. Como não se pode fazer tudo simultaneamente, o grupo avança passo a passo: quando as coisas estão instaladas e andando bem, ele vai adiante; caso contrário, adapta-se, como ocorreu com o tema dos mangás.

A informação nasce da relação que os representantes comerciais mantêm com os clientes, e isso constitui uma parte integrante de seu trabalho diário.

Uma das peças-chave do dispositivo da Asahi é uma intranet na qual cada um consigna as informações que coleta. Ela funciona como uma caixa de ideias e se traduz por propostas concretas aos *restaurateurs*, a quem o grupo sugere pratos que podem lhes agregar valor. Por exemplo, um vendedor recomenda uma ideia de aperitivo ou de canapés de acompanhamento ao produto principal da Asahi, a cerveja, e as sugestões podem até chegar à apresentação visual.

Todos os representantes comerciais dispõem de um *laptop*, onde registram essas informações, cuja soma atinge, às vezes, até cem ou 200 por dia. Elas convergem diretamente para as caixas de ideias, onde são agrupadas por categorias para ficarem acessíveis a todos internamente. As que dizem respeito à concorrência integram comentários precisos sobre a maneira de se apoderar de fatias de mercado. Podem ser análises minuciosas descrevendo os restaurantes de uma cidade ou de um bairro específico, onde os representantes incluem mapas e observações muito acuradas e detalhadas. Com o tempo, a qualidade dessas informações aumenta e, gradativamente, esse acúmulo permite efetuar um acompanhamento da evolução dos setores estratégicos e agir de acordo. O conjunto dos dados coletados é estruturado em categorias que passam por avaliações regulares para extrair tendências conforme as áreas envolvidas.

A gestão do conhecimento é um trabalho de todos para todos, uma inteligência compartilhada que ultrapassa os limites do próprio grupo.

No grupo, cada funcionário deve contribuir para essa tarefa estratégica em seu nível e para o todo dentro de um espírito comunitário. As pessoas encarregadas da recepção, da leitura e da organização das informações recebidas distribuem-nas em uma escala que registra no título a menção *ler absolutamente!* Ainda que essa classificação seja feita sob a responsabilidade da divisão de vendas, todo mundo participa. Nessa avaliação coletiva e itinerante, uma coluna levanta o número de leitores por informação, outra permite atribuir um ponto quando a informação foi considerada útil e pertinente. Os funcionários cujas informações foram selecionadas dentre as 20 primeiras da semana não ganham nada de especial, mas isso é muito valorizador no nível pessoal!

Recentemente, um serviço eletrônico de informação para os clientes da Asahi foi lançado e uma parte dessa *home page* é acessível ao público. Nela se encontram dados sobre os valores calóricos da cerveja, datas limites de venda e de consumo e do engarrafamento, bem como um dicionário especializado japonês-inglês. Esse conjunto de informações é muito útil para os bares e *restaurateurs*. A determinação e a escolha das informações colocadas *on-line* são feitas pela direção das fábricas. Entre seis e sete mil relatórios são disponibilizados anualmente, e eles comportam também sugestões para a melhoria do trabalho. Cerca de cem pessoas visitam o *site* diariamente. Para ajudar e favorecer as viagens de negócios, também se pode consultar uma lista de hoteis e de restaurantes recomendados. Esse compartilhamento de informação ultrapassa o perímetro do grupo propriamente dito, pois é de seu próprio interesse. A gestão do conhecimento faz parte do gerenciamento global da Asahi sem se restringir a seus próprios limites, pois ela envolve seus clientes em uma ótica colaborativa.

A família criativa

Mika-san

A relação humana é primordial; se considerarmos apenas as cifras, logo nos entediaremos; o envolvimento e o comprometimento pessoais são essenciais.

Mika-*san* é uma jovem empresária de menos de 30 anos[14]. Ela comanda vários restaurantes e bares que empregam cerca de 70 funcionários na cidade de Mito, ao norte de Tóquio. Para ela, antes de ser uma questão de cifras e de lucro, a empresa é uma questão de recursos humanos. Deve-se passar muito tempo com as pessoas-chave, conhecê-las, saber o que elas fazem, mas todos devem ser independentes e responsáveis em seu trabalho. Os empregados aprendem e escolhem a função que lhes convém, aquela em que são bons, em que são fortes. É como em uma família onde cada um reproduz o que sabe ser na comunidade que ela constitui. Na empresa, há muitas posições e papeis diferentes que concorrem para seu desenvolvimento. A função do administrador é combinar as forças de cada um no todo. Por isso, deve-se observar o modo como cada empregado progride, sua maneira de ser quando trabalha, sua maneira de assumir suas responsabilidades, de agir com os outros. O desejo mais caro de Mika-*san* é que os empregados se tornem *knowledge workers*: que compreendam a razão dos procedimentos e métodos, das atividades, a razão de determinada coisa em função de determinada necessidade, que identifiquem o conhecimento necessário a ser adquirido e utilizado. A partir disso, os empregados vão buscar por si mesmos os saberes que lhes faltam para alcançarem seus objetivos.

Tradicionalmente, quando se faz algo de modo diferente no Japão, desestabiliza-se o entorno.

A experiência e o conhecimento se articulam para criar novas ideias, pois é utilizando-as na hora e lugar certos que a empresa cresce. A concepção de projetos, de produtos e de novos serviços vem sempre da escuta do meio, com o qual se aprende para depois atender. As pessoas capazes de captar o que os outros pensam são *knowledge workers*, "trabalhadores do conhecimento", que desenvolvem individualmente suas capacidades de ter êxito, de desenvolver seu lado positivo e de crescer por si mesmos. Há nisso um aspecto psicológico e mental muito importante, pois os japoneses têm, em geral, dificuldade em saber o que são, talvez devido ao predomínio do grupo, pelo qual passa tradicionalmente a sobrevivência. Eles não são ensinados a ultrapassar a linha, a buscar além. Para Mika-san, é bom ensinar o genial de ser particular, desenvolver uma autoconfiança para evoluir e mudar nesses sentido. Na empresa, a maneira de agir pouco importa, cada um é diferente, mas responsável por sua tarefa, administrando seu trabalho em função dos resultados que deve apresentar. Mika-san tem curiosidade por tudo, gosta de dizer o que pensa, expressa-se de maneira positiva e constroi a diversificação de suas atividades até a edição de revistas. Por estar em contato estreito com populações femininas, ela percebe suas expectativas e trabalha para atendê-las por meio de fórmulas inovadoras que ultrapassam seu ramo de atividade atual.

A comunidade temática
Knowledge Management Society of Japan (KMSJ)

A criação de conhecimento é uma filosofia prática para o Japão sair do marasmo econômico e reencontrar um novo fôlego.

A KMSJ foi criada em primeiro de fevereiro de 1998 para reunir os profissionais da gestão do conhecimento e os pesquisadores dessa área. Em 2005, contava com cerca de mil membros. Todos os grandes grupos nipônicos se fazem presentes, assim como um número crescente de pequenas e médias empresas e de administrações públicas, tal como o Departamento de Mie. No topo de seu comitê executivo (*Managing Commitee*), dirigido por um presidente e um vice-presidente, a estrutura tem um número significativo de diretores, auditores, comitês e grupos de trabalho temático, assim como membros de honra, escolhidos na alta administração prestigiosa das principais companhias japonesas[15]. A assembleia geral anual da KMSJ reúne várias centenas de participantes e entrega uma série de prêmios KM, que recompensam tanto grandes grupos que desenvolveram estratégias de gestão do saber originais e exemplares quanto pequenas e médias empresas, até mesmo administrações públicas. A KMSJ mantém colaborações e trocas com os outros continentes através de associações norte-americanas como a APQC, a Telos na Grã-Bretanha, ou o INSEAD[16] na França para contribuir, pela troca, para melhorar a organização das empresas. Essa busca de parceria se estende também à Ásia, por meio do desenvolvimento de relações com as sociedades científicas equivalentes, assim como à Europa e às Américas. No início, muito inspirada nas orientações da APQC em sua definição de gestão do conhecimento como "the broad process of locating, organizing, transfering, and using the information and within the organization"[17], a KMSJ distancia-se progressivamente dela até introduzir o conceito de *wisdom management* baseado naquele de *chi*[18].

Para a KMSJ, a criação e a gestão do conhecimento representam um ponto de apoio essencial para que o Japão saia do marasmo econômico por que passou no fim do século passado. Para tanto, ela se baseia nos princípios e práticas antigas dos mercadores japoneses, que percorriam o mundo para vender e para descobrir, mas também para levar ideias novas para o arquipélago nipônico. Nessa tradição, onde a curiosidade e a inventividade eram essenciais, os mercadores contribuíram notavelmente para a abertura e o enriquecimento do Japão. Para essa associação nacional, o conhecimento está no âmago da reorganização necessária da economia do país. É vital compartilhá-lo e popularizar os modelos eficazes para enriquecê-lo e enfrentar os desafios contemporâneos. O conhecimento encarna o principal recurso da empresa, e as redes e tecnologias da informação devem facilitar seu uso e ampliação. Insistir em utilizar saberes obsoletos condena ao não desenvolvimento e a um perigoso imobilismo tanto das empresas quanto das administrações ou da Universidade. Pior ainda, isso leva a espirais fatais em uma visão estrita de redução dos custos, justo onde se deve buscar a diferenciação, os produtos e os serviços inovadores que atendam de maneira mais adequada às necessidades dos clientes. Opondo-se às forças retardativas, a KMSJ considera urgente multiplicar trocas e colaborações nessa área em todos os níveis da sociedade e da economia de maneira transversal e aberta para o mundo.

Internet Community Research Project: *estimular as empresas por meio da análise comparada do uso das tecnologias da informação.*

Enquanto sociedade científica, a KMSJ organiza oficinas de reflexão para formalizar e popularizar métodos úteis para as empresas e administrações públicas, regionais e locais. Ela se interroga sobre as relações entre *ba* e conhecimento a fim de avaliar em que medida essa relação contribui para sustentar a mudança e fortalecer a capacidade das organizações de diferenciar ruído e sinal. A nova economia e as tecnologias da informação incitam as empresas a aproveitarem as oportunidades fantásticas de exploração do conhecimento de seus consumidores, clientes, parceiros e sócios, e as melhores se definem a partir de uma escuta muito atenta dos mercados. Nessa perspectiva, e para estimular as empresas japonesas a enfrentar esses desafios, a KMSJ lançou, em 2000, um programa visando a analisar seus usos efetivos da internet na realidade da globalização crescente das trocas: "How well are major companies using the internet to communicate with and listen to the international community?". Os resultados dessa pesquisa, que incidiu sobre quase 300 empresas, foram apresentados sob a forma imagética de uma classificação por estrelas em função dos níveis de reatividade e de conectividade. A própria publicação desses dados possui um valor de exemplo incitativo para as empresas japonesas.

Sete empresas, o que representa 3% do painel, não dispunham de *home page* e, por isso, não podiam ser identificadas por um motor de pesquisa; então, nenhuma estrela. Vinte e um por cento, ou seja, 57, tinham uma *home page* em japonês, o que permitia localizá-las por um motor de tipo *yahoo*, mas não dispunham de *home page* em inglês: uma estrela. Vinte e quatro por cento, 64 empresas, tinham uma página em inglês associada a uma versão japonesa, mas não ofereciam contato por *e-mail*: duas estrelas. As 97 empresas com três estrelas, 36% do painel, dispunham de *sites* em japonês e em inglês, mas as solicitações enviadas por *e-mail* nessa língua não tinham resposta. As companhias com quatro estrelas (3%) respondiam em três dias, mas sem que as demandas recebidas fossem encaminhadas para as pessoas envolvidas na organização. Somente nove empresas pertenciam a essa categoria. Enfim, as 37 empresas com cinco estrelas, 14% do painel, não somente dispunham de todas as ferramentas da categoria anterior, mas encaminhavam os *e-mails* recebidos à sua destinação específica.

A publicação dos resultados dessa pesquisa representou um estímulo, suave mas tacitamente impositivo, para as organizações japonesas. A KMSJ multiplica esse tipo de iniciativa e funciona como um acelerador de comunicação para que a difusão dos melhores modelos seja efetiva e estimule a inovação no tecido econômico e também nas administrações. Em 2003, a KMSJ participou do *Knowledge Management Forum* de Paris e, em 2005, organizou o *Tokio Knowledge Forum (TKF)*, com a participação de representantes norte-americanos, franceses, ingleses, alemães, suecos, de Singapura e de Hong-Kong. A segunda edição do TKF ocorreu em setembro de 2006 em São Paulo, no Brasil.

Notas

1. Entenda-se nas redes eletrônicas (*digital*).
2. Somos produtores de comunidades geradoras de soluções por meio da articulação de várias mídias. Nós lhe propomos uma comunidade para o século XXI combinando mídias diferentes.

3. Esse tipo de comunidade estratégica de conhecimento é encontrado na Tailândia, onde um movimento de renovação e de atualização da sabedoria popular (*local wisdom*) dá lugar a experiências colaborativas de criação de conhecimento.
4. Surgem mais uma vez os dois indicadores de medida da eficácia das redes propostos por Manuel Castells: a coerência e a conexidade.
5. A fluidez é um elemento muito importante na estética japonesa. A beleza e a graça das gueixas, por exemplo, repousam em uma ausência de formas protuberantes, em uma continuidade em torno da qual tudo desliza em um movimento contínuo.
6. *Super Skill Transfer* pretende ser um *slogan* que soe como *Super-Sonic Transport!* [Referência aos aviões supersônicos, como o Concorde. Nota de trad.]
7. Universidade Hitotsubashi, Tóquio, 2005.
8. Por exemplo, a gigante Pfizer.
9. Pode-se opor esse modelo às estratégias tradicionais da vulgarização científica, que consideram que se deve divulgar conteúdos de maneira unidirecional, convencer sobre seu caráter inevitável, até mesmo *erradicar* as falsas representações do público, a fim de substituí-las pela verdadeira ciência...
10. Sobre este conceito de harmonia operacional, ver a definição de John Boyd no livro de David Fadok: *La Paralysie stratégique par la puissance aérienne*, *op. cit.*, e no *site* www.belisarius.com.
11. No decorrer desta segunda parte do livro, reconhecem-se empréstimos de boas práticas de uma empresa a outra. Isso é o resultado, principalmente, dos grupos de trabalho e das conferências da *Knowledge Management Society of Japan*, que reúne cerca de mil sócios e um panorama dos grandes grupos japoneses.
12. Esses dados são do final de 2001.
13. Ano de realização da entrevista com esse grupo.
14. Em 2004.
15. Cinco não japoneses fazem parte de seu "*advisory commitee*", dentre os quais, o autor desta obra.
16. *Association of Professionnals of Quality Control* (USA). Telos edita o *Journal of Knowledge Management* e publica anualmente a lista das empresas exemplares em termos de gestão do conhecimento. O INSEAD, escola de administração baseada em Fontainebleau e, hoje em dia, em Singapura, é uma referência internacional na formação em gestão.
17. Definição oficial do KM pela APQC: *o processo de localização, de organização, de transferência e de uso da informação na organização.*
18. O conceito de *ba-chi* foi introduzido, principalmente, pelo vice-presidente da KMSJ, Tomohiro Takanashi.

7

TECNOLOGIA

Gigantismo flexível?

Dentsu[1]

Os meios de comunicação de massa acompanhavam a ideia de nação, agora lhes sucedem mídias interativas e sob medida, fundadas na relação humana, nos valores comunitários e nas emoções.

A passagem de uma sociedade de produção industrial de massa a uma do conhecimento (*Digital Ecological Knowledge*) afeta profundamente a Dentsu, seu mercado e suas atividades. O *marketing* era o motor da sociedade industrial, e a publicidade era parte integrante disso. Hoje em dia, o grupo enfrenta transformações profundas dos mercados publicitários, pois a mudança é fundamental. A Dentsu ficava habitualmente com 15% das compras de espaço de mídia. Agora, a tendência se orienta para 3 a 5 por cento, o que implica uma adaptação drástica. A entrada futura do grupo na Bolsa complica a situação, pois os mercados não apreciam muito a originalidade, as apostas ou as mudanças de orientação, indispensáveis, entretanto, para encarar essas reviravoltas. Como um gigante como a Dentsu poderia se tornar flexível à maneira de uma empresa nômade? Muitas esperanças se depositam na mudança próxima da sede para o prédio projetado pelo arquiteto francês Jean Nouvel, que poderá provocar modificações.

A preocupação maior atual consiste em fornecer *serviços inteligentes* aos clientes do grupo a fim de lhes oferecer novas fórmulas de valor agregado. Mas como definir esses tipos de serviços, de mídias e de mensagens? Como identificar os conhecimentos apropriados que vão permitir conceber, articular e operacionalizar essas prestações inovadoras? Em relação à *Web*, onde reposicionar os meios de comunicação de massa na atual paisagem publicitária? Essas questões são estratégicas. Nessas mudanças, o espaço interno das lojas, por exemplo, pode ser considerado um *ba*! No Japão, a marca francesa de artigos de luxo Luis Vuitton é uma mídia em si devido à sua fama extraordinária e aos valores que veicula. Como a Dentsu pode agregar valor à Louis Vuitton? Através de informações pertinentes (*insigths*) sobre os consumidores? Passou-se da publicidade *one shot*, demonstrativa e direta, a formas relacionais de *marketing* pós-moderno, interpretativas e indiretas. Hoje, as competências de tipo *marketing* não bastam mais, e a questão central é como desenvolver capacidades de criação de conhecimento para os clientes.

É um grave erro limitar a gestão do conhecimento às tecnologias da informação, pois ele é, acima de tudo, uma questão e uma propriedade dos indivíduos.

No Japão, fora das empresas existem poucos profissionais da gestão do conhecimento, e a Dentsu tem mais perguntas do que respostas! O grupo colabora ativamente com a equipe do *Knowledge Dynamic Iniciative* de Fuji-Xerox para descobrir fórmulas adaptadas, assim como com o professor Ikujiro Nonaka, da *Hitotsubashi University*, no que tange à propriedade intelectual. Há limites no interesse das bases de dados informatizadas, e os empregados da Dentsu que trabalham a distância praticamente não utilizam essas informações já formalizadas e conhecidas, pois elas não auxiliam muito a criatividade nem as atividades das comunidades de práticas internas ao grupo. É preciso pôr em prática verdadeiros processos de criação colaborativa de conhecimento.

A questão da co-possessão da informação produzida é abordada pelos próprios empregados. Uma orientação estratégica consiste em se concentrar sobre a capacidade de gerar um *ba* com os consumidores nos locais de compra para criar e compartilhar conhecimentos com eles. Isso repousa na aptidão para favorecer contextos, ambientes apropriados, utilizando o capital intelectual das marcas (*brands*) que polarizam a atenção dos consumidores e suscitam movimentos dinâmicos em torno de seus valores. Esse modo de pensar o *ba* abre para a concepção de novas experiências, baseadas no potencial das imagens de marcas. Existem aqui inúmeras pistas a serem desenvolvidas, e a Dentsu está aberta a todas as ideias e sugestões. O Japão passa por uma virada de sua história. Com o início da era *Meiji*, ele perdeu dos valores da cultura *Edo*, que era qualitativa, festiva e artística. Talvez devesse se inspirar nessa cultura novamente para encontrar um novo elã.

I link therefore I am[2]
Nomura Research Institute

É a rede que faz a existência.

Duas tendências existem em matéria de gestão do conhecimento. A primeira, de inspiração norte-americana, concentra-se nas bases de dados para alimentar o conhecimento humano; vai-se do saber formal ao saber tácito dentro de comunidades de práticas. Depois, os indivíduos se informam e trocam entre si, mas essa via norte-americana está mudando. Do "penso (*think*), logo existo" de René Descartes, ela evolui para "*I link, therefore I am*", "Eu me conecto, logo existo". A abordagem japonesa se baseia na comunidade e na existência de um espírito coletivo (*collective mind*) e é feita de colaborações e de esforços unidos. Na sociedade nipônica, a economia do saber está muito enraizada na cultura. Essa concepção desloca o foco dos estoques, dos conteúdos e dos conhecimentos formalizados para aquele dos *fluxos* que circulam entre pessoas que continuam se movimentando. Por essa razão, ela se concentra na produção das condições que permitem que o informal intersubjetivo seja formalizado e, então, comunicado explicitamente. Este é o sentido de um *ba*, que articula, de um lado, o que está adquirido, provado, verificado e disponível e, de outro, um esforço em uma frente de conhecimento que lida com o desconhecido.

Outrora, a comunicação não precisava de palavras no Japão. Ela preenchia a atmosfera, a empatia tinha um papel determinante e o conhecimento era como o ar que circula em peças sem divisórias.

O Japão está passando por grandes reviravoltas, e o mesmo acontece com os métodos tradicionais de troca de saberes. O emprego vitalício, que colocava todos no mesmo barco para sempre, tende a desaparecer. Hoje em dia, os indivíduos mudam de empresa, os conhecimentos se degradam rapidamente e o capital social se destroi nas reestruturações. Para alguns, isso deveria levar a um compartilhamento do saber dentro de uma base mais tecnológica, menos ligada a sistemas fundados nas relações interpessoais e em práticas dispendiosas em termos de tempo. Outrora, para saber, era preciso despender tempo com aqueles que dispunham do conhecimento, de modo a aprender com eles progressivamente. Para que o conhecimento não se perca, é indispensável hoje em dia construir redes de comunicação a distância entre especialistas que processam demandas automatizadas provenientes dos consumidores e dos clientes. Essa nova via, inspirada por uma visão americana, baseia-se em um uso sistemático das tecnologias da informação e da inteligência artificial e tange mais ao explícito do que ao tácito. Essa orientação internacionalista se opõe aos fundamentalistas da gestão do conhecimento no Japão. Essas duas tendências estão presentes nas teorias de Ikujiro Nonaka, e os Estados Unidos se interessam muito pelo que se faz no Japão.

O peso e o papel do contexto são sumamente importantes na comunicação, tornando-a muito dispendiosa. Pronunciam-se poucas palavras, e os interlocutores interpretam o que deve ser evidente.

No Japão, a empatia é determinante. Os modelos de Nonaka se baseiam nesta realidade da sociedade japonesa, na qual se aprende ao longo da vida e onde a informação está acessível no próprio ambiente (*atmosphere*). Porém, como a situação está mudando rapidamente, o país deve se inspirar no uso da inteligência artificial e das bases de dados. A comunicação humana é muito dispendiosa, o que explica essa necessidade de evolução em relação à prática do *ba*. A sociedade japonesa é hipercomunitarizada, passa-se mais tempo da vida com os colegas do que com a própria esposa! Em contrapartida, os bancos de dados permitem aos nômades que se atualizem bem rapidamente se o sistema (*back up*) for bem organizado. Trata-se de métodos de busca e de processamento automático com especialistas que validam as informações, utilizando *softwares* desenvolvidos atualmente no Japão. Isso se opõe ao costume que reza que uma empresa ou grupo esteja em condições de fornecer *tudo* a seus clientes em todas as gamas de produtos possíveis e imagináveis. Até agora, cada grande companhia implantava seus próprios sistemas informáticos de gestão e de concepção, o que tinha um custo exorbitante. Carlos Ghosn, da Renault-Nissan, resolveu essa questão numa decisão não somente salutar, mas cujo fundamento é reconhecido hoje em dia.

Estratégia da *home page*
NTT DoCoMo

As tecnologias da informação e da comunicação contribuem para a criação de espirais de conhecimento onde o útil permanece e o inútil desaparece por si mesmo sob o efeito de usos efetivos ou não.

Um dos eixos estratégicos implantados pela DoCoMo para levar a empresa e seus funcionários a entrarem em uma dinâmica de gestão do conhecimento passa pela criação de páginas pessoais (*home pages*). Do topo à base da hierarquia, cada funcionário, assim como cada departamento ou grupo de projeto, cria sua própria *home page*, sendo o conjunto dos dados acessível a todos, sem distinção nem filtro. Um padrão é proposto, mas pode ser modificado e enriquecido. Essas páginas registram informações atualizadas por cada um sobre sua carreira, agenda, família, passatempos, leituras, viagens, aniversários dos filhos... Essa intranet funciona como um *ba*, como um dispositivo global[3] para se conhecer, se apreciar, se agrupar conforme os passatempos, experiências, necessidades ou expectativas... Dessa maneira, também os departamentos tornam visíveis suas estruturas específicas, sua situação e seus prazos, suas ocupações e toda a informação de que precisam para efetuar suas missões e seus projetos.

O meio eletrônico, excelente vetor de informação e de comunicação, difere do suporte papel, pois os documentos escritos são relacionados a pessoas e são objetos de propriedade exclusiva. De fato, sua disponibilidade passa por procedimentos e intermediários que, definitivamente, representam uma perda de tempo e geram uma complexidade inútil. Em uma intranet bem concebida, é possível, ao contrário, um acesso direto conforme as necessidades na medida em que o sistema é coerente e fácil de usar através de uma classificação adaptada e compreensível. Na intranet, conhecimentos individuais se agrupam progressivamente, vínculos surgem e estruturas se formam e evoluem conforme as necessidades. A intranet requer uma prática permanente onde a origem individual das ideias é reconhecida. Esse é um ponto crucial, e o nome do autor de uma informação ou de uma recomendação deve aparecer imediatamente no início do documento, pois sem isso todo o sistema desmorona e se esvazia. É também o meio para saber a quem se dirigir para dar seguimento a uma informação, para avançar em conjunto e enriquecê-la. A intranet da DoCoMo é um sistema coletivo cuja vida, riqueza e evoluções resultam do envolvimento e do uso diário que dela fazem os funcionários da empresa.

As oportunidades de encontros, de reuniões e de discussões entre profissionais de setores diferentes são privilegiadas pela organização do espaço de trabalho deliberadamente aberta.

Trinta por cento da aprendizagem se baseia em documentos escritos, mas os outros 70 resultam das relações interpessoais. "Centelhas de conhecimento" (*knowledge sparks*) surgem quando diferentes saberes se mesclam e se confrontam. Os sonhos, mas também a empatia, que remete à socialização, representam condições para que essa fusão se manifeste. O conhecimento explícito pode ser acessado na intranet, mas o compartilhamento do tácito passa por espaços e momentos partilhados (*ba*), e essas trocas transversais possibilitam a criação de um novo conhecimento. Tudo começa nas pessoas e se enriquece ao ritmo das interações entre elas. Por essa razão, convém multiplicar essas interações tanto reais quanto virtuais.

Na DoCoMo, o fato de ter suprimido a atribuição individual de escritórios fechados favorece a abertura de espírito, a curiosidade e a fertilização cruzada. Antes, cada indivíduo tinha a tendência a ficar isolado em sua caixa, na lógica particular e exclusiva de seu departamento ou de suas atividades. Isso prejudicava os movimentos e o dinamismo das trocas, bem como o predomínio do interesse coletivo. A separação física e estanque dos diferentes setores e funções engendrava subculturas, que acabavam gerando incompreensões dentro da empresa. Agora, ninguém tem um escritório particular e cada funcionário se instala onde há lugar na hora em que chega! No início, isso foi um pouco difícil, mas hoje todos reconhecem aprender muito com os outros graças a esse compartilhamento de ambiente sem barreiras (*ba*).

Nesse espaço aberto de várias centenas de metros quadrados, foram distribuídas zonas de criatividade, outras de concentração, espaços de reunião (*meeting corners*) conforme as necessidades. Atualmente, o espaço global de trabalho é marcado por uma fluidez balizada por plantas verdes e por um mobiliário adaptado, onde o deslocamento é fácil e as pessoas se sentem bem. Isso favorece não somente o compartilhamento das competências (*know how*), mas também o conhecimento daqueles que as detêm (*know who*). Isso se apresenta como uma réplica, mas em três dimensões, da intranet. É essencial compartilhar o tempo em um mesmo espaço. Só o virtual não basta, mas ele se torna muito eficaz a partir do momento em que as pessoas já se conhecem. O *ba* dissolve os reflexos de proteção pessoal, sendo viável apenas em um clima de confiança recíproca em que os funcionários se reúnam e se envolvam no projeto global da empresa.

Escritórios sem papel
PWC Consulting

A gestão do conhecimento é a arte de transformar informação e capital intelectual em valor sustentável para a organização e para os empregados.

A gestão do conhecimento busca inspirar e estimular as trocas internas de maneira solidária e dinâmica. O capital intelectual da empresa deve ser reunido de modo a estar acessível e disponível para todos em uma memória central para a qual tudo converge. Na PWC Consulting, a célula de gestão do saber é composta de uma equipe reduzida de cinco pessoas que trabalham em redes e com os consultores encarregados das missões junto aos clientes da empresa. Os variáveis recursos humanos e tecnológicos devem se articular de maneira harmoniosa. Convém evitar orientar o conhecimento para uma lógica exclusiva de arquivamento insistindo, ao contrário, em sua natureza de instrumento a serviço da criação de conhecimento. a dimensão tácita é essencial e comporta um alicerce cultural raramente expresso, embora sempre presente. Hoje em dia, o conhecimento não existe fora do suporte de redes tecnológicas que devem estar a serviço das práticas relacionais. A cultura do compartilhamento é vital para que as redes sejam criativas e enriqueçam os conhecimentos de cada um. Não há oposição entre um procedimento baseado nos recursos humanos e um fundado nas tecnologias da informação. Na gestão do conhecimento, os dois são complementares.

A supressão de 80% do papel utilizado nos escritórios estimula cada funcionário a formalizar seus conhecimentos de modo que sejam acessíveis a todos.

O escritório sem papel (*paperless office*) supõe que cada um tenha integrado em sua produção de documentos digitais os valores, a cultura e a estratégia da sociedade. O uso de *laptops* e de um telefone interno sem fio, espécie de telefone de banda larga, facilita a comunicação nos escritórios da PWC Consulting. Uma alta padronização otimiza o compartilhamento da informação, faz ganhar tempo e permite multiplicar seu tratamento em quantidade e qualidade. O estímulo a uma redução drástica do papel leva as pessoas a não conservarem mais a informação de maneira individualizada ou privativa, mas a tornarem-na acessível e utilizável por todos.

Graças às tecnologias da informação, o escritório virtual não tem mais limite no espaço e no tempo! A PWC Consulting utiliza o *software Lotus Notes*, fichas circulam e as análises são regulares para capitalizar o saber e progredir no conhecimento. Com vistas a favorecer a abertura entre os diferentes perfis profissionais da sociedade, sessões de formação são organizadas para que todos aprendam uns com os outros. Os estímulos são permanentes, e cada consultor é avaliado por uma grade de critérios que mede sua contribuição para o conjunto. É essencial que uma sociedade de consultoria aplique em si mesma os métodos que vende a seus clientes, que são também grandes consumidores de informação. O processamento da informação está no âmago da atividade de consultoria e é por essa razão que a PWC Consulting, enquanto *ba*, deve ser exemplar em matéria de criação do conhecimento.

Encarnar o futuro

The Knowledge Dynamic Iniciative, Fuji-Xerox

Não se deve esperar que o futuro se revele, mas contribuir para criá-lo, pois nós somos o futuro!

Knowledge Dynamic Iniciative (KDI) é um *think tank*[4] interno à Fuji-Xerox, que estuda as práticas de gestão do conhecimento nas empresas japonesas e, mais amplamente, no mundo. Conduzindo debates e introduzindo novas idéias, a KDI organiza operações internas de *benchmarking* no Japão e no exterior. Pretende ser a propagandista da filosofia e dos métodos de criação do conhecimento do professor Ikujiro Nonaka, cuja aplicação ela populariza e favorece até nas universidades e administrações do país, organizando seminários, debates e missões de estudo. A KDI aplica essa filosofia e métodos a si mesma. Sua prática de redes faz dela uma entidade aberta ao funcionamento transversal. Buscando a ruptura e a originalidade, os membros da equipe adotam nomes de guerra concebidos individualmente: *Senior Freelance Bandit, Wow Research Explorer, Knowledge Torchbearer, Sexy Work Stylist, Shadow Collaborator, Vivid Experience Designer, Ba Architect...*

Essa personalização mostra-se diferenciada e singular em relação aos padrões tradicionais japoneses. Como que para salientar mais essa busca de diferenciação, uma grande bandeira negra com um emblema de pirataria – caveira e ossos entrecruzados – chama a atenção em uma das paredes do espaço aberto que ela ocupa. A KDI se afirma revolucionária em sua determinação a encarnar e a revelar o futuro por seu próprio movimento. Esse comportamento é uma ilustração da filosofia *budo*, segundo a qual só o presente existe e é nele que convém investir plenamente, sem remorsos nem preocupações de economia ou temor do risco⁵. A KDI não espera que as coisas mudem, mas *muda com elas*, inscrevendo-se deliberadamente no curso mesmo dessas mudanças. Através de suas operações de *benchmarking*, de suas análises comparadas, de suas pesquisas e espírito de abertura, a *Knowledge Dynamic Iniciative* capta as linhas de força dessa revolução, nelas vendo uma condição da realização de sua missão. Apropria-se do desafio de criação de conhecimento que preside à redefinição das organizações, de suas estruturas, filosofia e valores. Uma questão central alimenta a KDI: como criar a organização mais adaptada e mais justa em sua relação com o meio e a serviço de soluções criativas?

O mundo é como um reservatório cujos conhecimentos se deve captar. O objetivo central não é tanto "administrar" o conhecimento, mas criá-lo!

Knowledge Dynamic Iniciative estuda e escalona os níveis de uso e de integração das tecnologias da informação nas empresas japonesas. A publicação desses resultados é em si mesmo incitativa. Um dos modos de ação da KDI consiste em explicitar resultados a fim de que sejam estimulantes, até provocantes para o tecido empresarial japonês. Dentro do grupo Fuji-Xerox ao qual pertence, a KDI dirige a *Know Alliance*, cujos membros se comprometem voluntariamente na busca de uma dinâmica de conhecimento baseada em uma abordagem de recursos humanos. *Nós somos o futuro*, afirma-se na KDI, e isso passa por uma abertura de espírito, dos compromissos e dos riscos assumidos. O conhecimento não tem limites e existe bem além das fronteiras da empresa ou do país[6]. O contexto e as tecnologias da informação desempenham um papel essencial. O espírito de colaboração é um princípio-chave para produzir conhecimento e se harmonizar com o meio.

Para a KDI, as mudanças atuais levam as organizações a irem além da gestão da qualidade e a se transformarem em verdadeiras empresas de conhecimento. O que faz a diferença entre as empresas repousa em sua aptidão para gerar saber, produzir as melhores adequações às imposições e às necessidades do futuro. Nessa perspectiva, levar em conta apenas os meios limitados da empresa ou do grupo não é mais pertinente. Como o conhecimento é global, a capacidade de agir em rede se torna crítica. Para a KDI, as comunidades de práticas permitem um aprendizado coletivo a partir de dois conceitos de base: *Vital Individual* e *Dynamic Ba*. Esses conceitos remetem à originalidade e à criatividade individual, valores até então pouco reconhecidos e pouco afirmados na empresa japonesa. A associação do primeiro conceito com o segundo, *Dynamic ba*, dá um sentido a essa vitalidade individual no húmus coletivo, dinâmico e acolhedor de um *ba*. Nesse esquema, energias e competências heterogêneas são harmonizadas em torno de objetivos, e a criação de conhecimento se centraliza no futuro e na inovação. Essa orientação congrega recursos humanos, materiais e organizacionais em um estado de espírito mobilizador, que engendram ou revelam soluções contidas em germe nos próprios dispositivos relacionais. As comunidades de conhecimento não têm limites físicos, pois o que define seu perímetro é a pertinência de seu projeto e de sua estratégia.

Do *"command and control"* ao *"encourage and energize"*

Por pertencer à Fuji-Xerox, a KDI também participa de programas como *Virtual Hollywood*, que promove uma dinâmica participativa para todos os funcionários do grupo. Por meio desse programa, os empregados, em contato direto com os usuários e consumidores dos produtos e serviços Fuji-Xerox, redigem propostas na intranet. À medida que circulam, algumas delas se enriquecem e se transformam em verdadeiros projetos. Os executivos do grupo se envolvem, acompanham sua evolução e apadrinham alguns desses projetos, dedicando-lhes uma parte de seu tempo. Trata-se de uma aplicação das teorias e dos novos modelos organizacionais baseados na abertura interna das empresas, sobretudo dos escalões hierárquicos. A avaliação (*knowledge assessment*) das propostas fortalece a autonomia dos funcionários, a interatividade e a prática de novas maneiras de trabalhar. Esse funcionamento transversal e horizontal se desenvolve na esfera de uma visão comum, marcada por abertura de espírito e por vontade de alcançar resultados. Em termos de gestão, o *command and control* tradicional é substituído na KDI por *encourage and energize*, como um *slogan* gerador de uma nova cultura, enervada pela aplicação sistemática das tecnologias da informação.

"Praças de conhecimento"
Realcom Inc.

É essencial motivar os especialistas a participarem sem o temor de despender tempo demais. Como retorno, eles devem ter um benefício para seus próprios interesses.

A empresa Realcom é uma fornecedora de *softwares* e de consultoria para a implantação e compartilhamento de conhecimento entre as pessoas através de *bas*. Para tanto, dispõe de duas competências originais[7]. A primeira recobre a capacidade de definir comunidades de conhecimento que ultrapassem os limites tradicionais de uma determinada organização; a segunda fornece um serviço sob medida que engloba *softwares*, consultorias, *design* e arquitetura de soluções comunitárias. Internamente, conta com 25 pessoas em turno integral e 10 engenheiros externos (*outsourcing*). Os serviços da Realcom incluem a implementação e o desenvolvimento de soluções em gestão do conhecimento por meio dos produtos *KnowledgeMarket* (solução intranet gestão do conhecimento, *E to E*/empregados para empregados), relacionamento com os clientes pela internet *eCRM Solution* (gerenciamento do relacionamento com o cliente por meio eletrônico), *Knowledge Community* (*Business to Business to Consumer*) e, enfim, o alojamento e a manutenção de *Knowledge Auction Community* através do produto *Ksquare*[8] (intercâmbios de saber consumidores ou usuários para outros consumidores ou usuários).

A Realcom desenvolve a infraestrutura de comunidades de conhecimento, conceito de base de sua atividade, associando um motor de navegação *(Knowledge Navigation Engine)*. Esse sistema fornece acesso simultaneamente a saberes estruturados e a redes de especialistas, cuja identificação é facilitada por suas fotos. A dimensão comunitária se traduz pelo fato de que cada usuário que participa do sistema avalia a qualidade das informações consultadas e das interações envolvidas, atribuindo estrelas conforme o interesse encontrado, ou não. O dispositivo articula o conhecimento explícito e organizado das bases de dados com o tácito, o que supõe recenseá-los *(know who)* por áreas de competência e de excelência. Em função das demandas dos usuários, a transformação do tácito em explícito é operada na interface entre as bases de dados e as redes de especialistas. As tecnologias da informação estão a serviço desses *bas*. A Realcom propõe soluções de tratamento que incluem o explícito das bases de dados com o *savoir-faire* dos especialistas, mas que também aproveitam a soma das interações dos usuários entre si e com o próprio sistema.

Cerca de metade da informação crítica de que as empresas precisam se encontra no cérebro de seus empregados. A exteriorização desse conhecimento por meio de um sistema de perguntas-respostas visa a torná-lo explícito e disponível.

Mais da metade dos empregados passaria uma hora por dia duplicando o que outros empregados da mesma empresa produziram, e cada um dedicaria mais de um mês por ano procurando especialistas adequados para informar e completar seu trabalho!

A avaliação dessa informação de maneira comunitária e sua disponibilização representam ganho de tempo e de qualidade. A formalização dos repertórios correspondentes (*know who*) permite acessos diretos que aceleram os processos. Por outro lado, as redes informais e as relações de confiança originam trocas de conhecimento, constituem sua referência; é a partir dessa constatação que se baseia o produto *mercado do conhecimento* na intranet. *Knowledge Market* articula um sistema de perguntas-respostas, de identificação dos bancos de dados pertinentes em função das necessidades a um sistema de compartilhamento de documentos. Essa integração requer a participação de todos. O pessoal envolvido cria as categorias estratégicas para a definição das orientações e das classificações. A natureza aberta do sistema propicia que várias respostas provenientes de diferentes departamentos correspondam a uma pergunta. Cada empregado pode enviar uma ou mais respostas e todos têm acesso aos fluxos. Os autores de perguntas avaliam e determinam a qualidade e a pertinência das contribuições *on-line*.

O inventário das competências e dos talentos internos favorece o envio direto, por correio eletrônico, de perguntas aos especialistas qualificados. Dentro da empresa, cada funcionário atualiza sua *home page*, onde descreve seu perfil e suas habilidades, os fluxos de perguntas-respostas de que participou, assim como as avaliações que efetuou e as que sofreu da parte dos outros. Conforme o uso que faz do sistema, o que nele circula e acontece, cada membro pode registrar em um documento compartilhado (*file sharing*) as observações e comentários que julgar estratégicos. Se necessário, constituem-se grupos de discussão, com um líder voluntário para debater e aprofundar uma questão particular a fim de cooperar para a criação de conteúdos disponíveis no espaço de compartilhamento virtual (*sharing corner*).

A convergência entre um modo de gerenciamento do relacionamento cliente por meio eletrônico (eCRM) e soluções de gestão implementadas na empresa possibilita aos empregados e usuários um acesso direto aos conhecimentos dos outros empregados e usuários.

Através da constituição de comunidades de conhecimento, os clientes da Realcom implantam e desenvolvem bases de dados para se informar. Cada comunidade possui um componente interativo que estimula a comunicação entre os próprios usuários e com os especialistas a partir do funcionamento de um *KnowledgeMarket*. Um serviço FAQ (*Frequently Asked Questions*) racionaliza e otimiza de maneira semiautomática a consulta às informações disponíveis e alimenta as bases de dados gerais dos clientes (*Customer Knowledge Data Base*). O sistema favorece que eles se expressem sobre os produtos ou prestações de serviço oferecidos. Opiniões, pareceres, comentários e sugestões alimentam, assim, a compreensão dos mercados em verdadeiras espirais de conhecimento, que operacionalizam virtualmente o modelo SECI de Nonaka.

Cada plataforma de comunicação está a serviço do desenvolvimento das atividades (*business*). A partir do surgimento e da constituição de uma comunidade de usuários, um sistema de perguntas-respostas relativo aos serviços da empresa aprimora a definição dos melhores inventários de especialistas (*know who*) de acordo com as interações elencadas e tratadas. A acumulação sistematizada dessas perguntas-respostas alimenta as bases de conhecimento (*Inter-Customer Questions & Answers Data Base*). O departamento encarregado do relacionamento com os clientes (*Customer Support Center*) permanece em contato constante com essa comunidade de conhecimento por meio de correios eletrônicos e de um sistema atualizado da FAQ que os alimenta e movimenta. A exploração dos dados da base utiliza *softwares* de *text mining*. As informações estratégicas reveladas por esse sistema de exploração das comunidades são direcionadas para o sistema interno de *Knowledge Market* a fim de enriquecê-lo, em um processo interativo permanente. Mais do que uma gestão do conhecimento propriamente dita, trata-se de uma gestão das condições da criação colaborativa de conhecimento e de seu compartilhamento.

Uma integração crescente das comunidades de conhecimento com bases de dados técnicos reduz a redundância das perguntas-respostas e mobiliza o saber adequado na hora certa, evitando refazer pesquisas já efetuadas.

A Realcom espera muito das novas plataformas de comunicação que facilitam as interações e multiplicam sua frequência enquanto avolumam seus conteúdos. Esse aumento da capacidade dos canais e do desempenho dos *softwares* que fomentam seus fluxos melhora a especificidade do relacionamento entre clientes e especialistas. Os ganhos em rapidez de transmissão deveriam permitir o aprimoramento e o aprofundamento do conhecimento dos clientes, até mesmo o desenvolvimento de pesquisas diretas junto a eles. Na intranet dos *Knowledge Markets*, os desempenhos das plataformas otimizam as bases de dados nominativas (*know who*) e favorecem uma exploração mais acurada e rápida dos arquivos, assim como a transformação acelerada dos conhecimentos individuais em organizacionais, através do jogo de perguntas-respostas.

As contribuições da Realcom consistem em facilitar o contato com *o* especialista certo na hora certa, baseando-se no conhecimento do modo de funcionamento dos clientes e dos especialistas elencados em bancos nominativos. Esse posicionamento particular é objeto de um esforço constante de criação de conhecimento para que a empresa possa fornecer produtos e serviços onde a tecnologia represente um papel-chave. A Realcom acompanha atentamente os progressos dos motores de cartografia (*mapping*) que visualizam o comportamento dos usuários e das comunidades em termos relacionais, mas se pode questionar a capacidade de tais sistemas para inovar ou produzir rupturas. Sem dúvida, a cartografia é pertinente para otimizar o uso dos conhecimentos e dos especialistas ou para extrapolar tendências, mas essa *gravitação comunitária* comporta um risco de exclusão ou de não-percepção do que perturba e não se inscreve em sua lógica específica. O faro, o desconhecido e o não previsto fazem mais diferença ainda porque a competição é grande!

Notas

1. Primeiro grupo publicitário japonês.
2. Que poderia ser traduzido por *Eu me conecto, logo existo*. A esse respeito, ver as obras de Christian Marcon e Nicolas Moinet sobre a temática das estratégias-redes, dentre as quais *Développez et activez vos réseaux relationnels*, ed. Dunot, Paris, 2004.
3. Como um espaço de socialização (S), mas também de exteriorização (E) na lógica do modelo SECI.
4. Literalmente, *reservatório de pensamento*, designa, na terminologia americana, grupos de reflexão que agem através de estudos e de recomendações.
5. Exatamente como na filosofia do Hagakuré. Ver capítulo 1. O líder da KDI, *Senior Freelance Bandit*, é também um mestre do chá.
6. Aqui, pode-se fazer referência ao juramento prestado ao Imperador Meiji, que consistia em um comprometimento em buscar o conhecimento no mundo inteiro, onde ele se encontrasse, para o benefício do desenvolvimento do Japão.
7. Em inglês: *Packaged software, SI Consulting, and Community Design Consulting – post SI consulting*.
8. Todos esses produtos são marcas registradas.

Conclusão

O Caminho do Conhecimento

知
道

Em que medida o alcance das comunidades de conhecimento, tais como se manifestam no Japão, ultrapassa os confins do arquipélago nipônico? Esse modelo poderia servir de fonte de inspiração? Seria aplicável em outras latitudes? O espírito samurai que as inspira e no qual se enraízam poderia ser transposto para outros lugares? Essa abordagem particular transcenderia sua origem? Embora esse caminho japonês seja produto de uma sociedade particular, ele responderia a um desafio planetário comum? Os princípios dessas comunidades seriam muito distantes? Não estaríamos diante de uma ruptura no modo de conceber e de operacionalizar a estratégia pelas organizações do século XXI?

No Ocidente, tudo tem tendência a começar por um *eu*, pelo ponto de vista de um ator que se propõe a atuar sobre o real. Isso tornou a Europa ocidental voluntária e inventiva, estendendo sua dominação no espaço terrestre graças a um desenvolvimento cientifico e técnico aguçado pela concorrência entre as nações. Como que prefigurando esse drama conquistador, o *Discurso do Método* de Descartes se propunha a contribuir para tornar o homem "mestre e possuidor da natureza". Mas entre o poder tecnológico da humanidade de seu tempo e aquele da engenharia genética, da energia nuclear e da comunicação física ou digital, a capacidade de ação e de transformação não tem mais as mesmas escalas, nem as mesmas consequências. A amplitude da poluição, do esgotamento dos solos e do aquecimento dos mares e oceanos, a superprodução generalizada desclassificam e excluem definitivamente o homem devido à não-rentabilidade industrial! A atualização desvirtuada do *cogito* cartesiano tende a se transformar em um *penso, logo apago**, o que me incomoda, sem me preocupar com o ambiente natural e humano; quanto ao futuro, é assunto dos outros... não do *eu*!

A cultura japonesa se baseia em outro tipo de relação. No arquipélago, o *eu* não é o ponto de partida, pois é a *comunidade* que prevalece. Partir dessa consciência para considerar a seguir, e de maneira adequada, a contribuição dos indivíduos se dá em ordem inversa ao *penso, logo existo*[1]. A antecipação adaptada às mutações está enraizada nas tradições do arquipélago nipônico, onde a responsabilidade coletiva implica deveres recíprocos. Simples exemplo: a quietude relativa do metrô de Tóquio, que recebe no entanto milhões de viajantes a mais que o de Paris, vem de uma organização consensual integrada por todos. Como existe um caminho para os passageiros apressados e outro para as pessoas que não estão com pressa, não há correria de um lado a outro, tampouco burla na entrada dos vagões. Da harmonia resulta um benefício individual não contraditório com o interesse coletivo na medida em que o predomínio deste prevalece! Na densidade do mundo atual, o proveito

---

* N. de T.: Jogo de palavras a partir da homofonia entre *je suis* [eu sou] e *j'essuie* [eu apago].

individual imediato que desconsidera seus efeitos gera crises e perigosos desequilíbrios. Mais tática do que estratégica, tal atitude não pode aspirar à perenidade de suas realizações, ao passo que uma das razões de ser da estratégia é garantir a duração.

André Beauffre definiu a estratégia como "a arte do domínio da dialética da interação das vontades empregando a força para resolver seu conflito"[2]. O que acontece então com uma comunidade estratégica de conhecimento? Ela não se funda em um domínio da interação das vontades com finalidade de conhecimento? Esse modelo japonês não é tão estranho à cultura estratégica francesa, por exemplo, fundada nos hiperprincípios da liberdade de ação e da economia das forças[3]. O primeiro – a liberdade de ação – é uma medida de independência do jogo de um ator, ou seja, de suas decisões e da condução de sua ação em relação ao poder de coerção dos outros e do meio. Quanto mais soberano um sujeito for de suas escolhas, maior será sua liberdade de ação. Ignorante e incerto, quem dispõe de uma pequena liberdade de ação está na expectativa da iniciativa e das decisões dos outros, na razão do esforço central para aumentá-la, a ponto de André Beauffre ver na luta pela liberdade de ação a própria essência da estratégia. Ora, a conquista da liberdade de ação pela criação de conhecimento está no âmago das comunidades estratégicas japonesas.

Organizando-se para responder a uma necessidade que compreende interesses particulares, uma comunidade de conhecimento se legitima, se alimenta, até mesmo se apodera de uma necessidade que se impõe a todos! Quem pode então ir de encontro à demanda dos produtos domésticos performantes da Kao Corporation ou do serviço do atendimento e da saúde humana da Eisai? Portanto, não é primeiramente *contra* seus concorrentes que a empresa luta, mas em nome de um imperativo superior a serviço do qual ela se compromete até nos detalhes de sua organização e de suas relações com seus clientes e parceiros. Suas interações internas e externas são ricas em criação de conhecimentos, e sua eficácia econômica decorre disso. A pedra angular estratégica repousa, então, no estabelecimento deste laço criativo, feito de implicação e de diálogo a partir de um projeto comum que remete ao princípio de coerência introduzido por Manuel Castells para medir a *performance* das redes[4].

A economia das forças constitui, quanto a ela, uma medida de otimização dos recursos disponíveis e mobilizáveis, independentemente do proprietário[5]. Como obter muito gastando menos, ou como fazer com que outros invistam *seus* meios a serviço de *nossos* fins? Uma vez considerada a adequação do princípio de liberdade com as comunidades de conhecimento, adivinha-se que o da economia encontra sua realização, visto que a empresa não conta mais apenas com seus meios, mas também com aqueles de todos os que, por uma razão ou outra, subscrevem à mesma necessidade comunitária. Aqui, o princípio de conexidade enunciado por Manuel Castells avalia a capacidade dos componentes de uma rede para se comunicar facilmente com as outras. O modelo de origem japonesa é coerente com os dois hiperprincípios de estratégia e com os critérios de medida da *performance* das redes indicados por Castells.

É possível ver no desenvolvimento do modelo japonês uma ruptura na maneira de posicionar uma organização em seu campo de atividade. Híbridas em sua composição, elas colaboram para encontrar as melhores soluções em uma realidade submetida a mudanças rápidas. Os usuários e clientes do século XXI são pessoas formadas e informadas, que se comunicam, trocam e se enriquecem mutuamente. Esquecer isso equivale a se privar de sua inteligência. Por ser a interação rica, a criação decorre, não para o benefício exclusivo de um único ator, mas para aquele global da firma *e* de seus clientes e usuários. Em um mundo onde o valor repousa cada vez mais na aptidão para criar conhecimento, parece que a estratégia *com* se impõe à estratégia *contra*.

Confrontando-se sem pressupostos com a *verdade imediata dos fatos*[6], o espírito samurai acolhe a energia do incerto, não tanto para reduzi-lo, mas para se envolver em uma sinergia de criação de conhecimento. Através dos dispositivos que implementam, as comunidades de conhecimento revelam o futuro próximo, articulando-se a ele ao mesmo tempo. O caminho (*do*) do conhecimento (*chi*) ressuscita, atualizando, a tradição dos samurais. O Japão nunca se mostra mais japonês do que quando inventa estratégias e fórmulas que atendem aos desafios diretos do presente. Mas, então, os desafios da sociedade do conhecimento seriam primeiramente culturais?

Notas

1. Descartes nunca preconizou que se devia ser irresponsável.
2. Beauffre, 1985.
3. Mathey, 1995.
4. M. Castells, *op. cit.*
5. A cultura estratégica chinesa aplica esse princípio com rara eficiência.
6. Nishida, *op. cit.*

Referências

BEAUFRE, André, *Introduction à la stratégie*, Economica, Paris 1985.

BERQUE, Augustin, *Vivre l'espace au Japon*, PUF, Paris 1982.

BOYD, John, *On creation and destruction*, www.belisarius.com

CASTELLS, Manuel, *La Société en réseaux*, Fayard, Paris 1998.

CLAUSEWITZ, Carl (von), *De la guerre*, Ed. de Minuit, Paris 1955.

CLEARY, Thomas, *The Japanese Art of War. Understanding the culture of strategy*. Shambala, Boston & London, 1992.

CORBETT, Julian, *Principe de stratégie maritime*, Economica, Paris 1983.

DAVENPORT, Thomas H. and PRUSAK, Laurence, *Information Ecology. Mastering the Information and Knowledge Management*, New York-Oxford, Oxford University Press, 1997.

FADOK, David S., *La Paralysie stratégique par la puissance aérienne*, Economica, Paris 1998.

FAYARD, Pierre, *Comprendre et appliquer Sun Tzu. La pensée stratégique chinoise : une sagesse en action*, Dunod, Paris 2004.

FAYARD, Pierre, *La Maîtrise de l'interaction. L'information et la communication dans la stratégie.* Zéro Heure Éditions Culturelles, Paris 2000.

FRÓIS, Luís, *Traité de Luís Fróis (1585) sur les contradictions de mœurs entre Européens et Japonais*, Chandeigne, Paris 1993.

FUMIKATSU, Tokiwa, *Management based on Nature's Wisdom*, Tokyo 2001.

HALL, Edward T., *La Danse de la vie. Temps culturel et temps vécu*, Le Seuil, Paris 1992.

HERRIGEL, Eugen, *Le Zen dans l'art chevaleresque du tir à l'arc*, Dervy, Paris 1970.

JAVARY, Cyrille J-D. et FAURE, Pierre, *Yi Jing. Le livre des changements*, Albin Michel, Paris 2002.

JULLIEN, François, Traité de l'efficacité, Grasset, Paris 1997.

LUTTWAK, Edward N., *Le Paradoxe de la stratégie*, Éd. Odile Jacob, Paris 1989.

MACHADO, Antonio, *Poesias completas*, Espasa – Calpe, Espagne 2002.

MALRAUX, André, *La Tentation de l'Occident*, Grasset, Paris 1926.

MATHEY, Jean-Marie, *Comprendre la stratégie*, Economica Poche Géopolitique, Paris 1995.

MISHIMA, Yukio, *Le Japon moderne et l'ethique samouraï. La voie du Hagakuré*, Arcade Gallimard, Paris 1985.

MUSASHI, Miyamoto, *Écrit sur les cinq roues*, Éd. Maisonneuve & Larose, Paris 1995.

NADOULEK, Bernard, *L'Intelligence stratégique*, CPE Aditec, Paris 1991.

NAKAGAWA, Hisayasu, *Introduction à la culture japonaise*, PUF, Paris 2005.

NISHIDA, Kitaro, *An Inquiry into the Good*, Yale University Press, 1990. Traduction en langue française : *Logique du lieu et vision religieuse du monde*, Éd. Osiris, Paris 1999.

Societé franco-japonaise des Technologies Industrielles, *Les Chemins du savoir au Japon*, Paris 2000.

NONAKA, Ikujiro et TAKEUSHI, Hisayuki, *La Connaissance créatrice. La dynamique de l'entreprise apprenante*, De Boeck & Wesmael, Paris 2003.

NONAKA, Ikujiro and TEECE, David (sous la direction de), *Managing industrial knowledge. Creation, transfer and utilisation*, Sage Publication, London-Thousand Oaks-New Delhi, 2001.

RANDOM, Michel, *Japon, la stratégie de l'invisible*, Éditions du Félin, Paris 1989.

SUN TZU, *L'Art de la guerre*. Version traduite et commentée par Jean Lévi. Pluriel Inédit, Hachette, Paris 2000.

TANIZAKI, Junichiro, *L'Eloge de l'ombre*, Publications Orientalistes de France, Paris 1977.

UFAN, Lee, *Un Art de la rencontre*, Actes Sud, Paris 2000.